Guía de supervivencia para chicos adolescentes

Supera los retos de la vida con confianza, desde vencer la presión de grupo hasta crear hábitos positivos

Índice

Carta de presentación a los padres

Estimados padres,

Ser adolescente es un período difícil y de confusión para muchos chicos. El aumento de las responsabilidades, unido a los cambios físicos y mentales, puede resultar abrumador. Los cambios en esta fase de transición pueden causar conflictos en el hogar y un distanciamiento entre usted y su hijo que nunca antes había existido. A medida que ellos van cambiando, su papel como padre también cambia. Aunque su orientación y protección son siempre necesarias, el espacio que necesitan para desenvolverse por sí mismos es igual de importante. Los adolescentes se ven arrastrados en todas direcciones diferentes por sus amigos, los medios de comunicación, la sociedad y la familia. Puede resultarles difícil orientarse por su cuenta en el caos de este entorno volátil y confuso. El enfoque basado simplemente en decirles qué hacer y qué no hacer ya no es tan impactante como lo era en sus años de juventud porque su razonamiento y sus cuestionamientos se vuelven más complejos a medida que se van formando a sí mismos.

Por lo tanto, es importante inculcarles principios que puedan guiar su toma de decisiones más que simplemente proporcionarles una larga lista de lo que deben y no deben hacer. Este libro está elaborado de forma que aumente la capacidad de razonamiento y la inteligencia emocional de su hijo adolescente en lugar de estar estructurado como una lista de mandamientos. Las herramientas prácticas y la sólida filosofía de esta guía de supervivencia actúan como una brújula que le ayudará a navegar por las agitadas aguas internas y los vientos de las expectativas externas para que su hijo no se pierda en la incertidumbre inherente a la adolescencia. Estos años pueden ser difíciles, pero con la orientación y las técnicas adecuadas, pueden sentar las bases de un futuro brillante. Cuando trabajen con este libro, como un ejercicio de colaboración para desarrollar juntos, comuníquese con su hijo mientras realiza el viaje de niño pequeño a hombre adulto.

Carta de presentación a los niños

Hola,

Pasar de la niñez a la madurez puede ser todo un reto. Tu autonomía y autodeterminación son cada vez más importantes, pero aún estás confuso sobre muchos aspectos de la vida. Puede que te encuentres luchando por seguir el ritmo de las exigencias y las mayores responsabilidades que conlleva la edad. Además, tienes un montón de voces diferentes que tiran de ti en distintas direcciones. Tu influenciador favorito de Internet puede decir una cosa, pero tus amigos dicen otra, ¡y luego tu familia te dice una cosa completamente distinta! Así que te encuentras desenvolviéndote en una nueva realidad en la que tienes que decidir qué caminos vas a seguir, sin saber cuáles son los adecuados para ti.

Esta guía de supervivencia te da las herramientas para desarrollar tu resiliencia, inteligencia emocional y capacidad de decisión, de modo que puedas sopesar cuál de los caminos conflictivos que se te presentan es mejor para ti en todos los aspectos, incluida tu vida social y académica y tus perspectivas profesionales futuras. Esta época será sin duda difícil, pero hay muchos grandes momentos de plenitud que celebrarás en el caos de ser adolescente.

Las técnicas prácticas y las ideas teóricas esbozadas en este texto te ayudarán a cribar el desorden de tus mundos interno y externo para desenterrar las gemas de tu futuro próspero. Desde las relaciones hasta la gestión emocional y la navegación por los espacios sociales, esta guía te muestra cómo expresarte sanamente, en todos los aspectos de tu vida. Este libro no es una lista de mandamientos, sino un mapa que te ayuda a explorar las complejidades de ti mismo y del mundo mientras evolucionas hacia el gran hombre que realmente estás destinado a ser.

Sección 1: El cambio ocurre: Cambios corporales y autocuidado

La adolescencia es un periodo de notable transformación física y emocional. Al atravesar esta fase crucial entre la infancia y la edad adulta, es probable que experimentes una oleada de hormonas y rápidos cambios corporales. Aunque son naturales y esenciales para tu desarrollo, estos cambios también pueden ser confusos y desafiantes, sobre todo para los adolescentes como tú.

Cuando atraviesas el viaje de la pubertad, una cascada de cambios hormonales desencadena alteraciones significativas en tu cuerpo. Desde la profundización de tu voz hasta la aparición del vello facial, estas transformaciones son fundamentales para tu autodescubrimiento y maduración. Sin embargo, también pueden presentar un terreno desconcertante y a veces desafiante, pues no sólo afectan a tu aspecto físico, sino que también influyen en los cambios de humor, las respuestas emocionales y la dinámica interpersonal.

Navegar por este laberinto de cambios corporales requiere no sólo una adaptación física, sino también un ajuste emocional y psicológico por tu parte. Tu búsqueda de identidad y autoestima está íntimamente ligada a estas transformaciones. Comprender y afrontar estos cambios es una parte crucial de tu adolescencia.

Además de explorar los cambios corporales, debes reconocer la importancia del autocuidado. Reconocer

La adolescencia es un periodo de notable transformación física y emocional [1]

los retos que conlleva la adolescencia, especialmente para los adolescentes como tú, nos lleva a reflexionar sobre la importancia de fomentar una relación positiva y enriquecedora con tu propio cuerpo. Las prácticas de autocuidado (que incluyen el bienestar físico Y mental) sirven como valiosas herramientas para ayudarte a navegar por esta loca montaña rusa con resiliencia y confianza.

Mientras te adentras en este viaje, vamos a desentrañar las complejidades de los cambios corporales y el autocuidado; te proporcionaremos ideas y orientación que resuenen con tus experiencias únicas. Al adquirir una comprensión más profunda de estos procesos y hacer hincapié en la importancia del autocuidado, estarás equipado con el conocimiento y las herramientas necesarias para navegar por este viaje de autodescubrimiento, sintiéndote capacitado y aceptándote a ti mismo y a los cambios con mayor facilidad.

Cambios físicos asociados a la pubertad

Empecemos por los profundos cambios físicos de esta fase de tu vida. Profundizaremos en los aspectos clave de estos cambios, incluidos los estirones, los cambios hormonales y el desarrollo de los caracteres sexuales secundarios.

Brotes de crecimiento

Es probable que experimentes un importante estirón durante la pubertad, un periodo marcado por un rápido desarrollo físico. Este aumento de estatura es el resultado de la liberación de hormonas del crecimiento que alargan tus huesos y, en general, hacen que todo en ti sea más grande. Las chicas suelen dar el estirón entre los 9 y los 14 años, mientras que los chicos lo experimentan un poco más tarde, entre los 11 y los 16 años. Ten en cuenta que la duración y la intensidad de los brotes de crecimiento pueden variar de una persona a otra.

Cambios hormonales

Los cambios hormonales desempeñan un papel fundamental en todas las transformaciones físicas que experimentarás. La interacción del hipotálamo, la hipófisis y las gónadas (testículos en los hombres y ovarios en las mujeres) pone en marcha el proceso de la pubertad. La hormona liberadora de gonadotropinas (GnRH) provoca un aumento de la hormona luteinizante (LH) y de la hormona foliculoestimulante (FSH). Para los chicos como tú, los testículos empiezan a producir mayores niveles de testosterona. Las chicas son diferentes, ¡pero centrémonos en ti!

Desarrollo de los caracteres sexuales secundarios

La pubertad introduce características sexuales secundarias que distinguen a los varones de las mujeres. Para ti, como chico, esto incluye el engrosamiento de la voz, el crecimiento del vello facial y corporal y el agrandamiento de la nuez de Adán. También notarás el desarrollo de hombros más anchos y un físico más musculoso.

Es importante recordar que el momento y el ritmo de la pubertad son únicos para cada individuo. Aun así, aprender sobre ellos, hablar con los adultos (si te preocupan) y mantener una actitud positiva te ayudará a que esta fase de tu vida transcurra mucho mejor.

Fomentar la elección de estilos de vida saludables

A medida que navegas por el viaje transformador de la adolescencia, fomentar elecciones de estilo de vida saludables se convierte en algo primordial para tu bienestar general. Una nutrición equilibrada, el ejercicio regular y dormir lo suficiente son pilares que contribuyen no sólo a tu salud física, sino también a tu resiliencia emocional y mental. He aquí algunos consejos para ayudarte a establecer y mantener estos hábitos saludables:

Nutrición equilibrada

Alimentar tu cuerpo con una dieta equilibrada es esencial durante este periodo de crecimiento y desarrollo. Asegúrate de que tus comidas incluyan una variedad de frutas, verduras, cereales integrales, proteínas magras y lácteos o alternativas a los lácteos. Procura elegir alimentos con moderación, evitando el consumo excesivo de tentempiés azucarados y alimentos procesados. Mantente hidratado bebiendo una cantidad adecuada de agua a lo largo del día. Ten en cuenta el tamaño de las raciones y escucha las señales de hambre y saciedad de tu cuerpo.

Ejercicio regular

El ejercicio regular mejora tu salud física y mental [2]

Incorporar la actividad física regular a tu rutina favorece la salud física, mejora tu estado de ánimo y reduce el estrés. Busca actividades que te gusten, ya sean deportes de equipo, entrenamientos individuales o actividades al aire libre. Intenta realizar al menos 60 minutos de actividad física de moderada a intensa la mayoría de los días de la semana. Esto podría incluir actividades como caminar a paso ligero, correr, montar en bicicleta, nadar o practicar algún deporte. No olvides la importancia de los ejercicios de entrenamiento de fuerza, como el levantamiento de pesas o los ejercicios con el peso corporal, para promover la aptitud física general.

Dormir lo suficiente

Las exigencias de la adolescencia, incluidas las responsabilidades académicas y las actividades sociales, pueden provocar a veces patrones de sueño irregulares. Sin embargo, dar prioridad a dormir lo suficiente es crucial para tu bienestar general. Intenta dormir entre 8 y 10 horas cada noche para favorecer el crecimiento físico, la función cognitiva y la regulación emocional. Establece un horario de sueño constante, crea una rutina tranquilizadora para irte a dormir y reduce al mínimo el tiempo que pasas frente a una pantalla antes de acostarte, para asegurarte un sueño reparador.

Consejos para mantener hábitos saludables

Establece objetivos realistas: Empieza con objetivos pequeños y alcanzables para que el proceso sea más manejable. Aumenta gradualmente estos objetivos a medida que incorpores hábitos más saludables a tu estilo de vida.

Crea un entorno de apoyo: Rodéate de influencias positivas y comunica tus objetivos a amigos y familiares. Tener un sistema de apoyo puede facilitar el mantenimiento de hábitos saludables.

Hazlo divertido: Elige actividades y alimentos que te gusten. Si te divierten tus elecciones saludables, es más probable que las mantengas a largo plazo.

Sé paciente y perseverante: Los cambios llevan su tiempo. Sé paciente contigo mismo y persiste en tus esfuerzos. Celebra tus éxitos, por pequeños que sean, y aprende de los contratiempos.

Adoptar un estilo de vida sano durante la adolescencia sienta las bases para toda una vida de bienestar. Haz que sea una prioridad mantener hábitos de nutrición equilibrada, ejercicio regular y sueño suficiente; con estas prioridades, te capacitarás para superar la mayoría de los retos de esta fase de la vida.

La relevancia de la higiene personal

A medida que atraviesas la adolescencia, la importancia de la higiene personal se vuelve cada vez más crucial. Necesitas tener buen aspecto y oler bien para fomentar la confianza en ti mismo, las interacciones sociales positivas y el bienestar general. Echemos un vistazo a esta importante parte de tu vida, y abordemos algunas preocupaciones frecuentes.

Importancia de la higiene personal

Las prácticas de higiene regulares ayudan a prevenir la acumulación de bacterias y olores desagradables, reducen el riesgo de infecciones cutáneas y contribuyen a una imagen positiva de uno mismo. Además, unos hábitos de higiene adecuados fomentan la confianza social, garantizando que te sientas cómodo y a gusto en diversas situaciones sociales.

Establecer una rutina de higiene personal

Crear una rutina de higiene personal consistente y eficaz es muy importante. Ten en cuenta los siguientes elementos a la hora de establecer tu rutina:

Baño o ducha diarios: Procura bañarte o ducharte a diario para limpiar tu cuerpo, prestando atención a las zonas propensas al sudor y a la acumulación de bacterias. Utiliza jabones suaves y champús adecuados para tu tipo de piel y cabello.

Cuidado bucal: Cepíllate los dientes al menos dos veces al día y usa hilo dental con regularidad para mantener una buena higiene bucal. Considera la posibilidad de utilizar enjuague bucal para mayor frescor y prevención de caries.

Cuidado del cabello: Mantén tu cabello limpio lavándolo regularmente con un champú adecuado. Ten en cuenta tu tipo y textura de pelo al elegir los productos para el cuidado capilar.

Desodorante y antitranspirante: Utiliza desodorante o antitranspirante para controlar el olor corporal y la transpiración. Aplicar estos productos, especialmente en zonas como las axilas, puede ayudarte a sentirte fresco durante todo el día.

Cuidado de las uñas y las manos: Mantén las uñas recortadas y limpias para evitar la acumulación de suciedad y bacterias. Lávate las manos con regularidad.

Higiene de la ropa: Ponte ropa limpia a diario y presta atención a la ropa interior. Esto ayuda a prevenir la proliferación de bacterias, manteniéndote cómodo.

Abordar las preocupaciones comunes

La adolescencia suele traer consigo preocupaciones de higiene específicas que pueden requerir atención adicional. He aquí algunas preocupaciones comunes y orientaciones para abordarlas:

Acné: Mantén una rutina de limpieza facial constante utilizando un limpiador suave para ayudar a controlar el acné. Evita hurgarte en los granos para evitar que queden cicatrices, y consulta a un dermatólogo si es necesario.

Olor corporal: Utiliza desodorantes o antitranspirantes para controlar el olor corporal. Considera la posibilidad de llevar tejidos transpirables y lavar la ropa con regularidad.

Prácticas de aseo: Explora las prácticas de aseo personal que se ajusten a tus preferencias personales y normas culturales. Esto puede incluir la depilación o el arreglo del vello facial.

Rutina de cuidado de la piel

Limpieza: Lávate la cara dos veces al día con un limpiador suave para eliminar la suciedad y la grasa. Evita utilizar jabones fuertes que puedan despojar a tu piel de los aceites esenciales.

Hidratación: Utiliza una crema hidratante adecuada a tu tipo de piel para mantenerla hidratada. Esto es importante incluso si tienes la piel grasa.

Protección solar: Aplícate un protector solar con FPS 30 como mínimo cuando te expongas al sol. Proteger la piel de los dañinos rayos UV es crucial para prevenir el envejecimiento prematuro y reducir el riesgo de cáncer de piel.

Cuidado del acné: Si tienes acné, considera la posibilidad de utilizar productos con ingredientes como el peróxido de benzoílo o el ácido salicílico. Consulta a un dermatólogo para un asesoramiento personalizado.

Salud general

Nutrición equilibrada: Mantén una dieta equilibrada con una variedad de frutas, verduras, cereales integrales y proteínas magras. Una nutrición adecuada favorece tu salud general y contribuye a una piel sana.

Mantenerse hidratado: Bebe mucha agua a lo largo del día para mantener hidratados el cuerpo y la piel. Limita las bebidas azucaradas y el consumo excesivo de cafeína.

Ejercicio regular: Practica una actividad física regular para fomentar la salud cardiovascular, reducir el estrés y favorecer el bienestar general. Encuentra actividades que te gusten para hacer del ejercicio una parte positiva de tu rutina.

Sueño adecuado: Asegúrate de dormir entre 8 y 10 horas por noche. El sueño de calidad es esencial para la salud física y mental, incluida la reparación y regeneración de la piel.

Información adecuada a la edad sobre salud sexual, higiene sexual y anatomía reproductiva: Navegar por la salud sexual es un aspecto importante de la adolescencia. Aquí tienes información apropiada para tu edad que te ayudará a comprender tu cuerpo:

Salud sexual

La comunicación: La comunicación abierta con adultos de confianza, profesionales de la salud o educadores es crucial para obtener información precisa sobre la salud sexual.

Consentimiento: Comprende la importancia del consentimiento en cualquier actividad sexual. El consentimiento debe ser libre, entusiasta, informado y mutuo.

Higiene sexual

Cuidado genital: Practica una higiene genital regular, que incluya lavados suaves con agua y jabón suave. Evita utilizar productos agresivos que puedan alterar el equilibrio natural de la zona genital.

Protección: Si tienes relaciones sexuales, utiliza métodos de barrera (preservativos) para protegerte contra las infecciones de transmisión sexual (ITS) y los embarazos no deseados.

Anatomía reproductiva

Comprender los órganos reproductores: Conoce la anatomía básica de los órganos reproductores, incluidos los ovarios y los testículos, así como las funciones del útero y el pene.

Recuerda que buscar información de fuentes fiables, hacer preguntas y mantener conversaciones abiertas con adultos o profesionales de la salud de confianza son aspectos esenciales de tu educación sexual. Cuidar de tu bienestar físico, emocional y sexual contribuye a un enfoque holístico del autocuidado durante la adolescencia.

Elecciones empoderadoras

Vamos a sumergirnos en el ámbito de la ropa, la confianza en el cuerpo y el estilo personal durante esta etapa de tu vida.

¡Este es un momento genial de la vida! Vas a explorar la identidad propia, ¡y tu elección de ropa desempeña un papel importante a la hora de mostrar a todo el mundo quién eres! Vamos a aprender cómo influye la ropa en la percepción, la importancia de la comodidad y consejos prácticos para ocasiones especiales.

Impacto en la confianza corporal

La comodidad es la clave: La elección de la ropa es más que una decisión superficial; influye significativamente en cómo nos sentimos con nuestro cuerpo. El principio fundamental reside en la comodidad del atuendo. La ropa que se ajusta bien y se alinea con el tipo de cuerpo de cada uno contribuye significativamente a una percepción corporal positiva. Busca ropa cómoda que te permita moverte y sentirte a gusto.

Reflejo del estilo personal: Lo que vistes habla de ti: es una forma de autoexpresión, un lienzo para transmitir tu personalidad y estilo únicos. Es hora de experimentar con distintos colores, estampados y estilos. Explora y adopta tu estilo personal para fomentar un sentido de autonomía y autodescubrimiento.

Expresar el estilo personal

Experimenta con la moda: De nuevo, juega con la moda; no sólo aprenderás más sobre ti mismo, sino también sobre lo que les gusta llevar a los demás, y posiblemente por qué. ¡Es una parte divertida de tu vida cotidiana!

Mezcla y combina: Adelante; combina la pana de color tostado con esa camisa de seda... ¡o NO! Prueba combinaciones de suéter y *jeans*: cualquier cosa nueva y diferente que te haga sentir bien contigo mismo y exprese tu propio sentido del estilo.

Encontrar ropa que te haga sentir empoderado

Abraza tu cuerpo: Por supuesto, tu ropa va en tu propio cuerpo, y el de cada uno es distinto; céntrate en resaltar los rasgos que aprecias. La elección de la ropa debe realzar los puntos fuertes y contribuir a una sensación general de empoderamiento.

Calidad sobre cantidad: Sí: ¡elige calidad sobre calidad! Invierte en unas cuantas piezas de alta calidad que evoquen confianza y, por supuesto, ¡también durarán más!

Vestirse para un trabajo u ocasiones especiales

Vestimenta profesional: La transición a la edad adulta implica a menudo encuentros con entornos profesionales. Vestirse adecuadamente para entrevistas de trabajo u ocasiones formales implica elegir prendas limpias y bien ajustadas que transmitan profesionalidad. Las prendas clásicas, como una camisa, un pantalón o una falda bien entallados, junto con zapatos cerrados, dan una imagen pulida.

Ocasiones especiales: Si hay una ocasión especial, ¡tienes que vestirte bien para ella! Y esto no sólo se aplica a la ropa; puede que tengas que renunciar a la gorra de béisbol (o añadir un sombrero más sofisticado para una ocasión especial). Puedes elegir un peinado más recogido o cortarte el pelo si es necesario.

Consejos prácticos para elegir la ropa

Positividad corporal: En el ámbito de la elección de ropa, la positividad corporal implica tener una mentalidad transformadora. Acepta la forma y el tamaño únicos de tu cuerpo; no existe una norma universal de belleza. No vas a parecerte a todas las demás estrellas de cine o culturistas. Aprende a amar tu cuerpo y a vestirte para acentuarlo.

Funcionalidad: Nunca se insistirá lo suficiente en la utilidad de la ropa. El atuendo cotidiano debe estar en consonancia con el estilo de vida y las actividades del individuo. Las prendas que facilitan el movimiento y se adaptan a las exigencias de la vida diaria contribuyen a una experiencia positiva y fluida.

Potenciadores de la confianza: Identificar prendas específicas que actúan como potenciadores de la confianza es un aspecto valioso del desarrollo del estilo personal. Tanto si se trata de un preciado par de *jeans* como de un accesorio llamativo, estas prendas se convierten en símbolos de empoderamiento personal.

Sección 2: Gestionar los altibajos

Los altibajos en la vida son bastante comunes, y los altibajos en el estado de ánimo de los adolescentes son aún más normales y corrientes. No hay de qué preocuparse. Imagina que estás fuerte como un roble, pero de repente empiezas a sentirte mal y con fiebre, aunque ningún signo físico externo lo indique. Esto significa que te sientes decaído y agotado. Es perfectamente normal en la adolescencia, y la sensación suele pasar con el tiempo.

Muchas personas de tu edad experimentan esta montaña rusa emocional [8]

Aunque tus estados de ánimo rocen el extremo, no te preocupes. ¿Te sientes a veces excesivamente emocionado y, en otras ocasiones, inimaginablemente deprimido? ¿Eres una persona extrovertida que empieza a sentir que debería quedarse encerrada en su habitación para siempre? ¿De repente te resulta difícil centrarte en tus estudios? ¿Pierdes a menudo el control en los mejores momentos? ¿Han empezado a decaer tus relaciones con tu familia y amigos?

No estás solo. Muchas personas de tu edad experimentan esta montaña rusa emocional. La buena noticia es que no tienes que esperar a que el tiempo controle tus estados de ánimo. Tienes el poder de controlarlos por ti mismo. Antes de aprender a adquirir esta habilidad vital crucial, es importante comprender la ciencia que hay detrás de estos altibajos.

Explorar las razones principales

Hay dos factores principales que afectan a los cambios de humor en los adolescentes: el biológico y el psicológico. A menudo están interconectados. Por ejemplo, si te sientes emocionalmente agotado, puedes empezar a sentirte mal físicamente, y viceversa.

Biológico

Como aprendiste en el capítulo anterior, en la adolescencia experimentas cambios corporales notables. Puesto que tu mente forma parte de tu cuerpo, también se ve afectada por estos cambios. Tus cambios físicos pueden ser lentos, pero tu comprensión mental de esos cambios es repentina, lo que, a su vez, provoca tus altibajos. Puede que te sientas más cohibido con tu cuerpo. Sin saber que esos cambios son normales, puedes empezar a sentirte demasiado avergonzado para hablar de ello con alguien. Incluso puedes sentirte como si fueran una especie de deformidad.

Esta conexión entre tus cambios biológicos y tu salud mental puede decaer aún más, dando lugar finalmente a cambios de humor muy extremos. El sueño es otro factor importante. Si no duermes las ocho horas recomendadas, tus altibajos se intensificarán al día siguiente. Además, ¿comes lo suficiente? ¿Y tus actividades físicas? ¿Pasas la mayor parte del día al teléfono o delante de la televisión? La falta de suficiente comida o actividad física también contribuye a tus cambios de humor.

Además, hay que tener en cuenta los factores biológicos del cerebro, que se relacionan directamente con las emociones. Tu corteza prefrontal, la parte más frontal de tu cerebro, experimenta muchos desarrollos durante estos años. Esta parte es responsable de ayudarte a gestionar tus emociones. Como se está renovando y hay un desequilibrio entre las otras partes de tu cerebro, te resultará difícil controlar tus emociones. También implica que puede que no reacciones con normalidad ante las situaciones. Por ejemplo, en un ambiente alegre, puedes tener ganas de llorar.

Psicológico

La psicología del adolescente desempeña un papel importante en la determinación de tus altibajos emocionales. Debido al rápido desarrollo de tu cerebro, experimentas emociones nuevas que nunca habías experimentado en tu infancia. La activación de tus hormonas sexuales te hará darte cuenta del poder de la atracción romántica. Tus amistades en evolución pueden frustrarte sin fin, y tu agitación interior puede seguir comiéndote por dentro.

Puedes sentir la presión de establecer tu identidad en un mundo cada vez más volátil. Puede que de repente sientas la necesidad de descubrirte a ti mismo. ¿Quién eres? ¿Por qué te trajeron a este mundo? ¿Cuál es tu propósito en la vida? Preguntas como éstas pueden perseguirte hasta ocupar por completo tus pensamientos.

Además, hasta ahora has dependido de tus padres o tutores. En cuanto llegues a la pubertad, sentirás la necesidad de ser más independiente. Al mismo tiempo, puedes sentir miedo de estar solo el resto de tu vida.

Todas estas emociones contrapuestas pueden llegar un día a su punto álgido, provocando un colapso emocional. La tensión creciente de esos pensamientos puede ser difícil de manejar. Si a eso le añades tus estudios secundarios y universitarios, la necesidad de sobresalir en las actividades extraescolares y la simple presión de grupo (aunque nada de esto sea ni remotamente sencillo), tendrás un terrible mejunje de emociones burbujeando en tu cabeza cada día.

Intensidad emocional

¿Tienes tendencia a experimentar arrebatos repentinos de emociones de los que luego te arrepientes? ¿Tomas a menudo decisiones impulsivas de las que luego te das cuenta de que eran erróneas? Se debe a tu mayor intensidad emocional. Diez emociones diferentes pueden estar intensificadas en tu vida en este momento.

- **Ansiedad:** Ésta es probablemente la más común y la mejor de las emociones que experimentarás. Te mantendrá motivado para pasar a la acción ante los retos. Mejorará tu resiliencia a los pensamientos negativos, al tiempo que te hará empatizar con las situaciones imprevistas.

- **Emoción:** Emocionarse por algo hasta cierto punto está bien. Sin embargo, durante la adolescencia, tu entusiasmo puede alcanzar niveles imprevistos, lo que puede provocar distintas emociones negativas.

- **Frustración:** Esta emoción nace de la impaciencia. Cuando se intensifica, la frustración puede llevarte a hacer cosas de las que luego te arrepientas.

- **Ira:** Ésta es otra emoción negativa que puede hacer que te ofendas por las cosas más insignificantes. Incluso cuando alguien te ha ofendido accidentalmente, puedes tener ganas de arremeter contra él.

- **Vergüenza:** La rabia y la frustración suelen provocar vergüenza. En la adolescencia, esta vergüenza puede ser devastadora. ¿Cómo puedes enfrentarte a quien has ofendido? ¿Qué puede pensar la gente de tus emociones volátiles?

- **Confusión:** La vergüenza acaba provocando confusión. ¿Lo expresaste bien la primera vez? ¿Y si se lo tomaron a mal? Sí, ¡a veces desearías tener el poder de leer la mente!

- **Soledad:** A medida que sientas que apartas a todos los que te rodean, empezarás a sentirte solo. Comenzarás a crear un caparazón a tu alrededor y esperarás sentarte dentro de él hasta que se acabe el mundo.

- **Depresión:** A medida que te alejes del mundo, empezarás a sentirte triste, lo que finalmente te llevará a la depresión.

- **Estrés:** Esto es lo primero que sentirás cuando te sientas solo y deprimido. Todavía hay esperanza de volver a la rutina, pero ¿cómo puedes hacerlo? El creciente estrés puede llegar a ser demasiado difícil de manejar.

- **Aburrimiento:** Gradualmente, el estrés evolucionará hacia el aburrimiento a medida que te mantengas alejado del mundo. ¿Qué deberías hacer? ¿Por qué debería importarte?

El vaivén de las emociones

Todas estas emociones aparentemente negativas pueden abrumar incluso a la persona emocionalmente más estable. La buena noticia es que estos vaivenes son perfectamente normales en los adolescentes. Todos los adolescentes los experimentan. Es tan normal como prestar atención en clase, destacar en los trabajos del trimestre, socializar con los vecinos o respirar para vivir. Si quieres culpar a alguien o a algo, culpa a la psique humana o a la biología de los adolescentes, pero no te culpes a ti mismo.

Puede que ya hayas experimentado los buenos y los malos momentos. En un momento dado, puedes estar de fiesta con tus amigos, y al siguiente, puedes estar castigado durante un par de días. Digamos que estás empeñado en centrarte en tus estudios, pero al día siguiente se te acerca una de las personas que te gustan. ¿Seguirás centrado en tus estudios? Desde luego que no. Estas emociones cambiantes y evolutivas son naturales, rutinarias e incluso tradicionales en los adolescentes. Disfrútalas mientras puedas.

Sin embargo, a menos que las aceptes como normales, no podrás disfrutar de ellas en absoluto. Esto te lleva a la siguiente sección.

Expresar emociones

¿Y si te enfadas con tus amigos y nunca te dirigen la palabra? ¿Y si te sientes tan frustrado con tus padres que te abandonan a tu suerte? ¿Y si te aburres tanto de la vida que deseas acabar con ella? Estos "y si..." son la pesadilla de la adolescencia. No pienses, exprésate. Esta es la regla con la que debes vivir. De hecho, es la regla que sigue la mayoría de los adultos, y están bastante bien.

Embotellar tus emociones es lo peor que puedes hacerte. Nunca podrás experimentar el impacto del vaivén de tus emociones. A su vez, no podrás aprender de ellas. Guardar para ti tus emociones en evolución actuará como una cámara de presión, que estallará de la forma más destructiva en el futuro.

A través de la expresión, aprenderás las consecuencias que cada tipo de emoción extrema tiene en tu vida. Así podrás afrontarlas y tenerlas más bajo control. ¿Te sientes enfadado con tu amigo por haber compartido tu secreto con otra persona? Muéstrale ese enfado: hazle saber que estás dolido. ¿Compartiste por error su secreto con otra persona? Muestra tu frustración cuando se enfaden: hazles saber cuánto lo sientes.

Está bien estar enfadado a veces. ¿Estás deprimido? Deja que se note. Deja que la gente que te rodea sepa la razón por la que estás triste. ¿Estás emocionado por algo? No te felicites interiormente. Cuenta a tus amigos y familiares lo que te hace ilusión. ¡Difunde la alegría!

Sólo hay una cosa importante que debes recordar al expresar tus emociones: no dejes que perduren. Una vez que las hayas expresado, déjalas en paz. Deja que esas emociones se vayan. Si no controlas tus emociones, ya sean negativas o positivas, te consumirán por completo. Eso es lo que debes evitar siempre al expresarte: que te consuman tus emociones.

El vocabulario emocional

El mundo es algo más que blanco o negro, negativo o positivo, como ya habrás empezado a darte cuenta a estas alturas. Hay una serie de emociones diferentes que van más allá de la felicidad o la tristeza. Cuando seas capaz de comprender esas emociones oscuras, podrás manejarlas mejor. Empezando por las emociones básicas de felicidad y tristeza, la lista sigue y sigue... mucho más allá de las que se mencionan a continuación. Todo lo que tienes que hacer es emparejar lo que sientes con la emoción mencionada para manejarla mejor.

Emoción	Sensación
Felicidad	Un estado de bienestar positivo y contento, a menudo acompañado de sentimientos de alegría y satisfacción.
Tristeza	Un sentimiento de tristeza o infelicidad, a menudo provocado por una decepción, una pérdida o unas expectativas incumplidas.
Ira	Una respuesta emocional intensa suele surgir de la frustración, la injusticia percibida o una amenaza para el propio bienestar.
Miedo	Una respuesta poderosa e instintiva a una amenaza percibida, caracterizada por una sensación de peligro y un deseo de escapar o evitar.
Sorpresa	Una reacción emocional repentina e inesperada suele desencadenarse por un acontecimiento o una revelación imprevistos.
Amor	Un afecto intenso y una conexión emocional profunda hacia alguien o algo, a menudo acompañados de cariño y devoción.
Emoción	Estado de gran entusiasmo y anticipación, a menudo relacionado con expectativas positivas o acontecimientos próximos.
Aburrimiento	Estado de inquietud e insatisfacción resultante de la falta de interés o estímulo.
Culpa	El sentimiento de remordimiento o autoinculpación se deriva de la creencia de haber infringido una norma moral o ética.
Orgullo	Una emoción positiva derivada de una sensación de logro, realización o autoestima.

Emoción	Sensación
Envidia	Un sentimiento de descontento o resentimiento hacia las posesiones, cualidades o logros de otra persona.
Satisfacción	Un estado de satisfacción y soltura, a menudo derivado de una sensación de plenitud y aceptación.

La emoción final, la satisfacción, es perseguida por generaciones de personas, ya sean niños, adultos o ancianos. Si eres capaz de encontrar la satisfacción en tu adolescencia, ¡no dudes en hacérselo saber al mundo!

Técnicas para regular las emociones intensas

Los altibajos emocionales pueden ser normales en la adolescencia, pero los estallidos repentinos de emociones intensas pueden ser perjudiciales tanto para ti como para las personas que te rodean. No es recomendable ceder a tus emociones intensas. En realidad no puedes hacer nada sobre los aspectos biológicos de tus emociones, pero puedes controlar su naturaleza psicológica.

Ejercicios de atención plena

La atención plena significa ser plenamente consciente de lo que estás haciendo en este momento. Puede parecer sencillo, pero si te pones a ello, puede llevarte mucho tiempo centrarte en el momento presente. La cuestión es que, cuando tu cuerpo está haciendo algo, tu mente tiende a vagar por otra parte. Es entonces cuando florecen tus emociones intensas. Practica estos ejercicios de atención plena cada día para regular eficazmente esas emociones.

- **Conciencia de la respiración:** Siéntate cómodamente y concéntrate en tu respiración. Inhala cuidadosamente por la nariz mientras cuentas hasta cuatro. Espira por la boca mientras cuentas hasta seis. Repítelo durante unos minutos, volviendo a centrar tu atención si tu mente divaga.

- **Ejercicio de los cinco sentidos:** Identifica cinco cosas que puedas ver, cuatro que puedas tocar, tres que puedas oír, dos que puedas oler y una que puedas saborear. Involucrar todos tus sentidos te ayuda a entrar en el momento presente.

- **Exploración corporal:** Túmbate o siéntate cómodamente. Cierra los ojos y toma conciencia de distintas partes de tu cuerpo, empezando por los dedos de los pies y subiendo hasta la cabeza. Nota cualquier sensación, tensión o relajación en cada parte del cuerpo.

Además de practicarlos cada día, aplícalos cuando estés en un arrebato de emociones intensas.

Desarrollar la resiliencia emocional

La resiliencia emocional es tu capacidad para responder a una mala situación. Imagina que durante los últimos días de tu tarea escolar, se te cae accidentalmente en un cubo de agua. Tu primer instinto puede ser el shock, que con el tiempo puede transformarse en llanto. Dejarse llevar por lo que sientes está muy bien, pero ¿cuánto tiempo vas a llorar? En algún momento, tendrás que sentarte y volver a planificar tu tarea en mucho menos tiempo. Cuanto antes te pongas a ello, mejor será tu resiliencia emocional. Prueba estas técnicas para mejorar tu resiliencia.

- **Escribir un diario:** Escribe regularmente sobre tus pensamientos y sentimientos. Puedes escribir sobre los retos a los que te has enfrentado, cómo los has superado y qué has aprendido de la experiencia.

- **Habilidades de resolución de problemas:** Practica habilidades eficaces de resolución de problemas. Divide los retos en pasos más pequeños y manejables, y discute las posibles soluciones con tus compañeros o familiares.

- **Ejercicio físico:** Como se ha mencionado antes en el capítulo, tu cuerpo físico está relacionado con tu mente. Se ha demostrado que realizar actividad física con regularidad mejora el estado de ánimo y la resiliencia, ya sea corriendo o yendo al gimnasio.

Buscar ayuda profesional

¿Has probado todas estas técnicas, pero sigues sin poder controlar tus altibajos? Es algo muy común. Al fin y al cabo, no se puede esperar que lo hagas todo tú solo. Es cierto que quieres ser independiente. Sin embargo, buscar ayuda profesional para los problemas de salud mental no tiene nada que ver con depender de alguien. Es simplemente un aprendizaje en tu vida que te enseña a ser más independiente. No dudes en acudir a un psiquiatra cuando:

- Parece que no puedes dormir lo suficiente.

- Sueles perder el apetito con frecuencia.

- Parece que te alejas de tus amigos y de tu familia.

- Los pensamientos negativos se han apoderado de ti.

- Estás sacando malas notas en tu asignatura favorita.

- Te estás volviendo dependiente de sustancias (alcohol, cigarrillos).

- Tienes ganas de autolesionarte.

Recuerda que tu salud mental es tan importante como tu bienestar físico, y está directamente relacionada con tus cambios de humor. Cuanto más sano estés, menos altibajos tendrás que sufrir.

Sección 3: ¿Y los amigos?

Tu realización en la vida está directamente ligada a tus relaciones con los demás. No tienes por qué perder tu individualidad, pero ningún ser humano puede existir por sí solo. Las redes que las personas crean y mantienen contribuirán a sus éxitos y fracasos. Incluso el solitario nervioso que evita irónicamente la luz del día suele tener a alguien con quien compartir su afición a estar solo. En este periodo de tu vida, durante la transición a la edad adulta, las relaciones que establezcas te ayudarán a allanar el camino hacia tu futuro. Aunque muchas de tus amistades tienen fecha de caducidad, siguen siendo impactantes.

Las comunidades son esenciales [4]

Las personas son complicadas, cambian constantemente y son irracionales. Esto puede dificultar la navegación por las amistades. Hay belleza en esta complicación incómoda a través de todas las risas y la unidad, así como en las traiciones, las puñaladas por la espalda y los conflictos. Comprender cómo expresarte y hacerte valer en este entorno volátil de las amistades es clave para maximizar los beneficios de estas relaciones. Por tanto, analizar qué es un amigo, así como aprender a comunicarse eficazmente y superar la ansiedad social, son las claves para construir vínculos fuertes que podrían durar incluso toda la vida.

El papel de los amigos en tu vida

En la naturaleza salvaje, tienes criaturas solitarias como los tigres y las serpientes, y tienes animales sociales como los lobos, los chimpancés y los leones. Los humanos pertenecemos firmemente al segundo grupo. Eso significa que una gran parte de cómo se definen las personas se basa en sus conexiones con los demás. Piensa en todas las formas en que te defines a ti mismo: tu raza, tu religión, tu comunidad, los medios de comunicación que consumes y tu familia. Las personas encuentran significado en sus conexiones con los demás. El papel central de la amistad es el sentimiento de pertenencia que proporciona. Pasar tiempo con tus amigos aligera el peso de las cargas del mundo.

El mero hecho de poder contarle a alguien tus preocupaciones y que te responda con el reconfortante "Te entiendo, hermano, es una locura" te libera del juicio que a veces puede suponer contarle lo mismo a un familiar o a alguien con autoridad. Las risas y los buenos momentos compartidos con los amigos pueden aliviar un mundo que, a veces, puede ser bastante duro. Es fácil pasar por alto el impacto positivo de este sentimiento de pertenencia, pero es esencial para tu crecimiento como persona.

Ejercicio 1: Construir la gratitud hacia tus amistades

Escribe los nombres de los amigos más íntimos que tengas.

_____

_____

_____

_____

_____

Bajo cada uno de estos nombres, escribe el papel que desempeñan en tu vida, así como por qué eres amigo suyo.

Si esta amistad se acabara, ¿qué es lo que más echarías de menos de ellos?

_____

_____

_____

_____

_____

¿Qué impacto positivo ha tenido esta amistad en tu vida?

_____

_____

_____

_____

_____

A medida que explores estas preguntas, la importancia de tus amistades te resultará más clara. En los pequeños detalles de estas relaciones es donde se esconde el significado de los vínculos humanos.

Amistades tóxicas

Todas las amistades te dan un sentimiento de pertenencia, lo que es estupendo para tu bienestar mental y tu desarrollo general como persona. Sin embargo, a qué perteneces es tan importante como la satisfacción que sientes al formar parte de un grupo. Las amistades tóxicas te dejarán agotado y en una espiral de daño psicológico. Las personas manipuladoras tienden a ocultar bien las partes negativas de sí mismas, pero empezarán a mostrarse las grietas. Las amistades tóxicas tienen unas cuantas características identificables.

- No respetan tus límites
- La relación es unilateral
- Socavan tus creencias y valores
- Hay mucha culpabilización y uso de las experiencias negativas como arma
- No se tienen en cuenta tus sentimientos
- No quieren que te juntes con otras personas
- Nunca se aprecian tus esfuerzos

Es importante identificar si tienes alguna de estas cosas. A la gente le resulta fácil señalar con el dedo, pero mirar en tu interior para ver tus propios comportamientos tóxicos es necesario para que tú también seas un mejor amigo.

Ejercicio 2: Establecer límites

No todas las amistades están destinadas a durar para siempre. Está bien romper amistades cuando el impacto negativo en tu vida es abrumador. Para medir si merece la pena tener una amistad, debes establecer límites. Si esos límites se traspasan constantemente, quizá debas considerar la posibilidad de alejarte.

Pasos para establecer límites:

1. Comunica claramente tus límites.
2. Establece consecuencias por cruzar tus límites.
3. Cumple las consecuencias prometidas.

Utiliza este método para establecer límites en tus amistades. Recuerda que debes expresarte cuando te sientas incómodo. Dile a alguien inmediatamente cuándo no te gusta cómo te trata o cuándo no vas a tolerar determinados comportamientos.

¿Qué son las amistades sanas ?

Ahora que sabes qué son las amistades tóxicas y cómo pueden identificarse, estás preparado para sumergirte en cómo debería ser una amistad sana. Las amistades sanas deberían elevarte, tener una comunicación abierta y honesta, hacerte responsable, así como potenciar las partes positivas de ti mismo. Incluso las amistades sanas pueden no durar para siempre. Las personas se distancian o desarrollan intereses diferentes. La vida también puede separarte de tus amigos íntimos. Por ejemplo, tu amigo puede trasladarse al extranjero, lo que podría dificultar la posibilidad de mantener la amistad. Puede ser difícil cuando las amistades sanas llegan a su fin natural. Sin embargo, es mejor centrarse en los beneficios positivos que tuvieron en tu vida, en lugar de obsesionarse con la negatividad de que la amistad haya terminado.

Ejercicio 3: Construir amistades sanas

- Describe cómo sería para ti una amistad sana. Entra en detalles.

_____

_____

_____

_____

_____

- ¿Tienes una amistad así?

_____

_____

_____

_____

_____

- ¿Dónde harías amigos como éstos?

_____

_____

_____

_____

_____

- ¿Qué cambios podrías hacer en tu vida para conseguir las amistades que deseas?

_____

_____

_____

_____

_____

Atraes lo que eres. Para conseguir amistades sanas, debes ser una influencia positiva en la vida de los demás. No puedes esperar conseguir grandes relaciones mientras actúes de forma tóxica. Por tanto, las amistades sanas tienen responsabilidades. Debes estar abierto a escuchar las quejas en tus amistades y a hacer una verdadera introspección sobre por qué tu amigo se siente así. Las amistades fuertes no se construyen cuando una persona impone tiránicamente su voluntad a otra. Debe haber concesiones mutuas, así que muéstrate abierto a los acuerdos mientras haces valer tus necesidades.

Diferentes tipos de amigos

No todos los amigos son iguales. Cada uno desempeña un papel distinto en tu vida, igual que tú cumplirás un propósito distinto en la vida de cada uno de tus amigos. Puede que tengas un amigo mayor que desempeñe el papel de mentor, dándote consejos o guiándote con su experiencia. Puede que tengas un amigo más joven al que enseñes distintos aspectos de la vida que tú has experimentado. Algunos amigos son íntimos y comparten contigo muchos detalles de su vida. Los amigos íntimos son aquellos a los que puedes confiar tus secretos más profundos y en los que puedes confiar en momentos de necesidad. Otros amigos son más bien conocidos con los que mantienes relaciones casuales. Por ejemplo, puedes tener un amigo con el que nunca hablas de nada profundo, pero con el que juegas a videojuegos de vez en cuando porque a ambos les gusta el mismo tipo de juegos. La tecnología también ha creado un espacio para los amigos en línea, que es una dinámica interesante porque nunca los ves en la vida real, pero puedes formar vínculos estrechos con ellos. Ser capaz de identificar el papel de los distintos amigos te ayuda a gestionar tus expectativas y te permite establecer límites adecuados.

Ejercicio 4: Identificar el papel de tus amigos

Un conocido es alguien con quien tienes amistad, pero que no considerarías cercano.

- ¿Se te ocurre algún conocido en tu vida?

_____

_____

_____

_____

_____

- ¿Qué debes esperar de un conocido?

_____

_____

_____

_____

_____

- ¿Qué límites apropiados debes establecer en una relación con un conocido?

_____

_____

_____

_____

_____

Te relacionas con un amigo de Internet en línea, pero no en la vida real.

- ¿Se te ocurre algún amigo de Internet en tu vida?

_____

_____

_____

_____

_____

- ¿Qué debes esperar de un amigo de Internet?

_____

_____

_____

_____

_____

- ¿Qué límites apropiados debes establecer en una relación con un amigo de Internet?

_____

_____

_____

_____

_____

Un mentor es un amigo del que aprendes y que te da consejos.

- ¿Puedes pensar en un mentor en tu vida?

_____

_____

_____

_____

_____

- ¿Qué debes esperar de un mentor?

_____

_____

_____

_____

- ¿Qué límites apropiados debes establecer en la relación con un mentor?

_____

_____

_____

_____

_____

Un amigo íntimo es alguien a quien puedes confiar tus secretos más profundos y a quien puedes recurrir en momentos de necesidad.

- ¿Puedes pensar en algún amigo íntimo de tu vida?

_____

_____

_____

_____

_____

- ¿Por qué los consideras amigos íntimos?

_____

_____

_____

_____

_____

- ¿Qué debes esperar de un amigo íntimo?

_____

_____

_____

_____

_____

- ¿Qué límites apropiados debes establecer en una relación con un amigo íntimo?

_____

_____

_____

_____

_____

Habilidades de comunicación eficaz

La comunicación es la base de todas las relaciones. Las amistades existen para satisfacer la necesidad de un sentimiento de pertenencia y todos los demás aspectos que se derivan de la colaboración social. No hay dos amistades exactamente iguales. Lo que es perfectamente apropiado que hagas o digas a un amigo puede ser percibido de forma opuesta por otro amigo. Por ejemplo, tú y un amigo podrían pasarlo muy bien insultándose como entretenimiento, pero otra persona podría ser más sensible a los insultos debido a su experiencia vivida, por lo que para ésta, intercambiar insultos sería traumatizante. Por tanto, la comunicación es esencial para definir cuáles son tus deseos y expectativas, para colaborar y para resolver conflictos. Te sorprenderá saber cuántas personas, incluso adultos, son pésimas comunicadoras. Aprendiendo unas cuantas habilidades básicas de comunicación, tendrás las herramientas para fortalecer las relaciones y crear amistades sanas, positivas y satisfactorias.

Ejercicio 5: Cómo comunicarse eficazmente

Recuerda estos consejos la próxima vez que tengas algo importante que quieras comunicar a tus amigos.

- Sé claro al comunicarte y di lo que quieres decir. A veces, la gente tiene reservas o temores a la hora de comunicarse porque no sabe cómo responderá la otra persona. Sólo puedes controlar lo que dices, no cómo se recibe, así que sé lo bastante valiente como para decir lo que creas y creer lo que dices.

- Ten en cuenta a la persona con la que hablas. Un ejemplo sencillo de esto es que no hablarías a tu jefe en el trabajo de la misma forma que a tus amigos. Los distintos contextos requieren distintos tipos de comunicación. Las personas proceden de hogares y entornos culturales distintos. También tienen distintos tipos de personalidad. Ten en cuenta al receptor del mensaje cuando te comuniques.

- Considera tu tono y tu lenguaje corporal. La comunicación no consiste sólo en las palabras que dices: la forma en que dices algo puede marcar un mundo de diferencia. Tu lenguaje corporal también dice mucho, así que piensa en todas las capas de comunicación cuando mantengas un intercambio con alguien.

- Escucha para comprender, no sólo para responder. Escuchar activamente demuestra que te importa lo que piensa la otra persona.

- Abre una vía para la retroalimentación. Pregúntale a tu amigo qué piensa de lo que dices o cómo le hace sentir.

Ejercicio 6: Resolución de conflictos

Incluso en las mejores relaciones, hay momentos en los que habrá peleas. Evitar el conflicto no es una solución, porque con el tiempo provoca emociones reprimidas y resentimiento. Por tanto, necesitas formas sanas de resolver los conflictos. La próxima vez que no estés de acuerdo con tus amigos, utiliza este proceso.

- En el calor del momento, puede ser difícil ser racional. Tómate un tiempo lejos de tu amigo para ordenar tus ideas y calmarte.

- No tiendas una emboscada a tu amigo. Infórmale de que quieres hablar de tu desacuerdo y fija una hora que les venga bien a los dos.

- Reúnete en territorio neutral. No quieres que tus amigos se sientan en desventaja por reunirse en un lugar en el que ambos se sienten incómodos.

- Expresa claramente tus quejas sin culpar a nadie. Una buena forma de hacerlo es decir: "Siento que... porque...".

- Dale tiempo a tu amigo para que responda y escucha su versión.

- Intenta encontrar un acuerdo o una forma de resolver el conflicto.

Algunos conflictos no pueden resolverse, y tienes que aceptarlo. Tendrás que tomar la difícil decisión de si quieres continuar con la amistad o no.

Evolución natural y cambios en las amistades

Con el tiempo, la dinámica de su amistad cambiará. Estás en una fase de transición en tu vida, por lo que cada día aprendes más y te desarrollas como persona. Esto significa que puedes acercarte más a tus amigos o distanciarte. También puede ocurrir que, cuanto más conozcas a tus amigos, más cambie el papel que desempeñan en tu vida. Por ejemplo, un conocido puede convertirse con el tiempo en un amigo íntimo.

Ejercicio 7: Determinar los cimientos de tu amistad

Aunque las personas cambian con el tiempo, suele haber un interés o experiencia común subyacente que es fundamental para su amistad. Por ejemplo, puede que tengan las mismas creencias religiosas fundamentales o que compartan el amor por un determinado género musical. Identificar estos elementos fundamentales de su amistad es lo que les permite mantener un vínculo fuerte durante mucho tiempo.

Piensa en tu amigo más íntimo.

- ¿Cuál es el elemento de su amistad que más les une?

_____

_____

_____

_____

_____

- ¿Qué parte de tu amistad crees que debe existir para que la amistad dure?

_____

_____

_____

_____

- Piensa qué cambios tendrían que producirse para que desearas poner fin a su amistad.

_____

_____

_____

_____

- ¿Cómo puedes asegurarte de que se mantienen los cimientos de tu amistad?

_____

_____

_____

_____

_____

Amistades equilibradas

Todo el mundo tiene múltiples aspectos en su vida. Tienes una vida en casa, en el colegio, deportes y actividades extraescolares, y eventos sociales. Por tanto, tienes que dividirte entre todas esas diferentes porciones del pastel que componen tu realidad diaria. Si te centras demasiado en tus amistades, otros aspectos de tu vida podrían resentirse, como la familia o tus deberes escolares. Encontrar el equilibrio es la clave para mantener unas relaciones satisfactorias.

Ejercicio 8: Segmentar tu tiempo

Escribe una lista de todas tus prioridades, incluyendo la escuela, las tareas domésticas, el tiempo en familia, las actividades religiosas y las extraescolares.

_____

_____

_____

_____

_____

Ordena estas prioridades de mayor a menor importancia.

Ahora, en función de lo que consideres importante, asigna un tiempo a dedicar a todas estas prioridades en tu semana. Recuerda incluir tiempo para socializar con tus amigos. De este modo, podrás encontrar la forma de mantener tu amistad mientras te ocupas de todas tus demás responsabilidades.

Cómo afrontar la ansiedad social

La ansiedad social es el miedo, la ansiedad y la timidez que surgen cuando te encuentras en situaciones sociales, especialmente en entornos desconocidos. Este fenómeno puede impedirte hacer amigos debido a cómo te reprimes a ti mismo. Superar la ansiedad social puede abrirte todo un mundo nuevo para que conozcas a gente nueva y demuestres lo increíble que eres realmente. Lo más triste de la ansiedad social es que nadie llega a conocer lo que tienes que ofrecer. Eres una persona interesante, y el mundo merece saberlo. Los siguientes ejercicios te ayudarán a romper las barreras de la ansiedad social para que puedas entablar las relaciones que deseas.

Ejercicio 9: La atención plena y vivir en el presente

Muchas veces, la ansiedad social está causada por pensar demasiado. Te quedas atrapado en tu mente, preocupándote por cosas innecesarias y empiezas a centrarte en los pequeños detalles de lo que piensan los demás. Tienes que sentirte cómodo con tu peculiar torpeza, porque es lo que te hace único.

La atención plena es traerte al momento presente y salir de tu cabeza para evitar pensar en exceso.

La próxima vez que sientas ansiedad social, prueba este ejercicio:

1. Busca un lugar tranquilo, alejado de la multitud.
2. Inspira y espira profundamente unas cuantas veces.
3. Repítete esta afirmación diez veces, respirando profundamente después de cada pausa:
4. "Soy completo. Soy único. El mundo merece conocerme".
5. Vuelve a la situación social y encarna la energía de este mantra.

Ejercicio 10: Identificar tus desencadenantes

La ansiedad social puede estar provocada por diversas situaciones y acontecimientos. Estos momentos que estimulan tu ansiedad social se denominan desencadenantes.

Cuando estás preparado para tus desencadenantes, puedes gestionarlos entrando en el espacio mental de esperarlos.

- Piensa en la última vez que tuviste ansiedad social.
- ¿Qué ocurrió inmediatamente antes de que aparecieran las emociones negativas?

_____

_____

_____

_____

_____

- ¿Qué puedes hacer para controlar o evitar ese desencadenante?

_____

_____

_____

_____

_____

Cuando borras el misterio de tus desencadenantes de ansiedad social, resulta mucho más fácil enfrentarse a ellos. En una situación desencadenante, desplaza tu atención hacia algo o alguien más. La ansiedad es mental, y puedes controlar tu mente.

Sección 4: Relaciones 101: Citas y más

El tema que obsesiona a la mayoría de los adolescentes... las citas. Éste se pone un poco picante, pero es tan fundamental que no se puede evitar. Desgraciadamente (o afortunadamente, según se mire), éste no es un capítulo del tipo "cómo conseguir chicas" para machos alfa.

En cambio, este capítulo se sumerge en los matices de las citas más allá de los consejos para ligar, de modo que puedas tener relaciones sanas y sostenibles sin caer en la trampa de cosificar a la gente. Establecer relaciones sanas que sean satisfactorias no consiste en memorizar los guiones y las combinaciones de lenguaje corporal adecuados. Se trata de comunicación abierta y honesta, valores compartidos, consentimiento y respeto mutuo. Los siguientes ejercicios te guiarán a través de las relaciones románticas de principio a fin para ayudarte a afrontar la variedad de complicaciones que surgen de una de las relaciones más fundamentales en las que puede participar un ser humano. Trabajando con estos ejercicios y explorando los consejos y técnicas que proporcionan, obtendrás una preparación básica para las relaciones y adquirirás una comprensión más profunda de lo que significa realmente estar con una pareja.

Las relaciones consisten en una comunicación abierta y honesta, valores compartidos, consentimiento y respeto mutuo [5]

Cualidades fundamentales de las relaciones románticas sanas

Las relaciones, en general, son complicadas, así que cuando añades un elemento romántico a la mezcla, las cosas se agitan exponencialmente aún más. Todas las relaciones tienen altibajos, y puede ser difícil identificar lo que es sano cuando no se tiene experiencia. Por eso, tener una guía sobre las cualidades de una relación sana es útil. Los cimientos de una buena relación se basan en cuatro principios fundamentales:

- valores compartidos
- comunicación sincera
- compromiso
- intimidad

Cada uno de estos principios implica más de lo que parece en la superficie. Por ejemplo, la comunicación honesta englobaría factores como la resolución de conflictos, el trabajo en equipo y el establecimiento de límites. Estas cuatro esquinas de una buena relación son los cimientos porque, sin ellas, la relación estaría destinada a desmoronarse. Ningún factor es más importante que el otro. Cuando falta uno de estos principios fundamentales, la relación va camino al desastre porque crea un caldo de cultivo para la toxicidad.

Ejercicio 1: Comunicación y valores compartidos

La comunicación es fundamental en una relación. Esencialmente, tú y tu pareja están en el *mismo equipo*. Imagina que un equipo de fútbol fuera a competir y no se dijeran nada en el vestuario o en el campo. ¿Qué tal crees que les iría? Probablemente perderían todos los partidos. Por tanto, nunca se insistirá lo suficiente en la importancia de la comunicación.

Mediante la comunicación y la observación del comportamiento, averiguas si tu pareja y tú comparten los mismos valores. Los valores pueden definirse como lo que los individuos consideran importante en sus vidas. Esto puede incluir factores como la religión, la compasión y la amabilidad. Sus sistemas de valores deben ser complementarios o similares para que la relación dure, porque determinarán sus prioridades.

Escribe una lista de 15 a 20 cosas o características que consideres importantes en la vida.

¿Cuál de estos valores es el más importante?

_____

_____

_____

_____

_____

_____

_____

_____

¿Cuál de estos valores crees que haría que quisieras poner fin a una relación romántica si tu pareja no lo tuviera?

_____

_____

_____

_____

_____

_____

_____

_____

_____

Los valores deben discutirse desde el principio de una relación, para que tú y tu posible pareja puedan decidir si merece la pena seguir adelante con la relación. Deberías preguntar a tu posible pareja qué valora, qué admira en una pareja y qué características no podría aceptar para evitar problemas innecesarios en el futuro.

Conceptos básicos sobre citas y etiqueta

Las citas son el método moderno de *cortejo:* el periodo en el que determinas si merece la pena entablar una relación a largo plazo con una persona. Una cita es una actividad divertida que haces con alguien para conocerse. Las primeras citas tienen fama de ser terriblemente incómodas. Sin embargo, con un poco de orientación, puedes superar esa situación desconcertante.

Ejercicio 2: Conceptos básicos de las citas

En una primera cita, deberías encontrar una actividad asequible que ambos disfruten. Las carreras de karts, el minigolf o un picnic en un parque son opciones estupendas para conectar en un ambiente relajado. La gente tiende a intentar erróneamente impresionar a su pareja en una cita. Aunque causar una buena primera impresión es estupendo, no debes moldearte en algo que no eres por el mero hecho de ser *cool.* El objetivo de las citas es averiguar si son compatibles. No pasa nada si no son compatibles, pero no lo averiguarás si finges ser alguien que no eres.

La próxima vez que tengas una cita, intenta hacer algunas de estas preguntas:

- ¿Cuáles son tus mejores y peores cualidades?
- ¿Cuál fue el momento de tu vida en el que fuiste más feliz?
- ¿Qué te inspira y a quién considerarías tus modelos a seguir?
- Si pudieras aprender cualquier habilidad, ¿cuál sería?
- ¿Qué te altera y cómo afrontas las emociones negativas?
- ¿De qué logro estás más orgulloso?
- ¿Cuál es el sueño más extraño que has tenido?
- ¿Cuál es tu película favorita?
- ¿Cuál es tu lugar favorito para ir, y por qué?

Este tipo de preguntas te permiten conocer mejor a una persona para saber si son compatibles. Recuerda que debes mantener una conversación fluida y basarte en las respuestas que te den para no parecer un robot.

Ejercicio 3: Etiqueta en las citas

La etiqueta en las citas consiste en ser respetuoso y causar una buena primera impresión. Hay algunos aspectos básicos que debes tener en cuenta. La próxima vez que tengas una cita, recuerda estas reglas clave.

- Llega a tiempo
- Sé honesto y abierto
- Acepta la incomodidad
- Ten un aspecto cuidado, limpio y huele bien

- Estate dispuesto a aceptar el rechazo
- Habla de forma respetuosa
- Escucha y presta atención a lo que dice tu cita

Diferentes etapas de las relaciones románticas

Las relaciones pasan por varias etapas, y evolucionarán con el tiempo a medida que vayas conociendo a la persona y te sientas más cómodo con ella.

La primera fase de una relación se llama fase eufórica, que dura entre seis meses y dos años. En esta fase, las sustancias químicas de la mente responsables de la conexión empiezan a dispararse como locas. En esta primera fase, las parejas tienden a pasar por alto los defectos del otro y a perdonar más fácilmente.

La siguiente fase es la fase de apego temprano, que ocurre aproximadamente entre un año y cinco años. En este periodo, el amor que se profesa la pareja se profundiza porque están abiertos a comprender y aceptar los defectos y rarezas del otro.

La etapa de crisis se produce entre los cinco y los siete años. Es lo que las personas que permanecen juntas durante más tiempo describen como una mala racha. En esta etapa de la relación, las personas tienden a distanciarse, pero si se supera esta fase, aumenta mucho la probabilidad de que permanezcan juntas toda la vida.

Las relaciones maduras alcanzan la etapa de apego profundo. Esta fase de la relación es cuando las personas se sienten seguras en su relación después de haber navegado a través de la tormenta de la fase de crisis. No muchas relaciones alcanzan esta fase, por lo que es un hermoso logro llegar a ella.

Ejercicio 4: De la atracción inicial al compromiso a largo plazo

En esta etapa de tu vida, no deberías centrarte demasiado en el compromiso a largo plazo, porque aún estás experimentando cambios rápidos y te convertirás en una persona completamente distinta en pocos años. Eso no quiere decir que los novios de la secundaria nunca lo consigan, pero es extremadamente raro.

Navegar por la atracción inicial es lo que más te encontrarás cuando empieces a tener citas y a sentir atracción romántica por otras personas. Es fácil dejarse atrapar por estas emociones intensas, así que te ayudará mantenerte consciente recordando lo que vas a tolerar y lo que no.

- ¿Qué características quieres en una pareja?

- ¿Qué características te parecen un factor decisivo?

_____

_____

_____

_____

_____

Recuerda estas respuestas mientras navegas por el espacio de las citas para no perderte en emociones intensas.

Ejercicio 5: Retos y recompensas

Existen muchos retos y recompensas cuando se intenta establecer y mantener una relación romántica. Esta forma de vínculo es probablemente una de las más profundas que experimentarás en tu vida. Los retos habituales en las relaciones son la falta de comunicación, las expectativas poco realistas, los celos, el dinero y el aburrimiento. Las principales recompensas de una relación son tener a alguien en quien confiar y un sistema de apoyo.

- Enumera algunos de los retos que crees que podrían surgir en una relación duradera.

_____

_____

_____

_____

_____

- ¿Por qué crees que surgen estos retos?

_____

_____

_____

_____

_____

- ¿Cómo puedes superarlos?

_____

_____

_____

_____

_____

- Enumera algunas recompensas que crees que puede proporcionarte una relación sana y satisfactoria.

_____

_____

_____

_____

_____

- ¿Por qué son recompensantes estos aspectos de una relación?

_____

_____

_____

_____

_____

- ¿Cómo puedes mejorar estas recompensas?

Consentimiento en todos los aspectos de una relación

El consentimiento es un aspecto fundamental del respeto. Consentir es que alguien te permita hacer algo. Por ejemplo, alguien podría decir: "He aceptado (consentido) que él conduzca mi coche". La visión simple del consentimiento es que si alguien dice que sí, tienes el visto bueno, y si dice que no, no lo tienes. Sin embargo, esta visión es incompleta. En las relaciones, especialmente cuando se trata de los límites del cuerpo de alguien, el consentimiento entusiasta y la autonomía corporal son esenciales.

El consentimiento entusiasta va más allá de conseguir que alguien diga que sí. Su "sí" debe ser seguro y entusiasta. Por ejemplo, si alguien dice: "Vale, puedes hacerlo, pero no estoy segura", debes tomar esa respuesta como un *no*.

La autonomía corporal es la comprensión de que tu cuerpo es tuyo y el de los demás es suyo. Por tanto, debes establecer límites estrictos contigo mismo y respetar los límites que otras personas establecen con sus cuerpos. Deja claros tus límites y anima a los demás a hacer lo mismo. No utilices palabras como "no creo que me guste eso". Sé severo y asertivo con tus límites, como: "¡No! *No* quiero hacer eso".

Ejercicio 6: Consentimiento y comunicación

Teniendo en cuenta los conceptos de consentimiento entusiasta y autonomía corporal, analiza si estas respuestas significan sí o no.

"Definitivamente estoy dispuesto a hacerlo".

"Vale, claro... podemos hacerlo si quieres".

La primera respuesta es un sí seguro, en el que la persona tiene claro lo que quiere. La segunda respuesta debe tomarse como un no, porque la persona puede ser tímida o insegura, pero no quiere decepcionarte. Sin embargo, la indecisión deja claro que se siente incómoda, por lo que debes respetar su autonomía corporal.

Principio fundamental de respeto

Respetar significa actuar teniendo en cuenta los sentimientos, deseos, derechos y bienestar de los demás. Una relación en la que hay falta de respeto ha caído en la toxicidad. Respetar a tu pareja significa que debes tener en cuenta sus pensamientos y sentimientos cuando dices o haces algo. Una relación es un compromiso porque ya no se te permite pensar de forma egoísta. Ahora tienes que consultar a tu pareja muchas de las decisiones que tomas y de las acciones que emprendes. Por eso debes pensártelo mucho antes de iniciar una relación, sobre todo a una edad temprana, cuando aún quieres explorarte a ti mismo y al mundo. Tienes que ser asertivo para asegurarte de que también te respetan. Comunícalo siempre que te sientas faltado al respeto, y establece límites claros para que tu pareja sepa lo que es inaceptable.

Ejercicio 7: Límites

Establecer límites es una parte esencial del respeto. El principio del respeto puede ser subjetivo y estar definido culturalmente. Por tanto, tienes que determinar lo que consideras una falta de respeto y comunicarlo claramente desde el principio de la relación. A veces, puedes sentirte faltado al respeto por acciones de tu pareja que no tenías en cuenta. En estos casos, tienes que comunicar con calma y de forma útil por qué te sentiste faltado al respeto, sin utilizar un lenguaje culpabilizador. Además, tienes que respetar los límites de tu pareja y comprender que su perspectiva no siempre coincidirá con la tuya. Muéstrate abierto y comprensivo con los deseos de tu pareja para estar dispuesto a llegar a un acuerdo.

Cuando sientas que te han faltado al respeto o que tu pareja se ha pasado de la raya, utiliza esta estructura de frase:

Me siento faltado de respeto cuando haces esto porque...

Después, dale tiempo a tu pareja para que responda y escucha sus razonamientos.

Mediante una comunicación abierta, puedes encontrar soluciones.

Ejercicio 8: Evitar comportamientos hirientes

A veces, cuando te sientes faltado al respeto, puedes sentir deseos de herir a tu pareja por venganza.

En momentos como éste, recuerda que trabajas con los demás y no contra los demás.

No eres perfecto y cometerás algún desliz. Discúlpate sin poner excusas una vez que te hayas calmado, y toma medidas para enmendar tu comportamiento negativo.

Afrontar la angustia y el rechazo

El desamor y el rechazo son algunos de los peores sentimientos del mundo. Sin embargo, son una parte constante de la vida que te ayuda a forjar tu carácter. No hay nada como armarte de valor para acercarte a alguien después de haberte ilusionado mentalmente, sólo para caer inmediatamente ante el dolor del rechazo.

El desamor es una cosa muy distinta. Imagínate el dolor de planear un futuro con alguien sólo para que te haga pedazos rompiendo la relación. El dolor emocional puede ser extremo, y puede durar un tiempo, pero hay pasos que puedes dar para convertir la negatividad del rechazo y el desamor en un resultado positivo. Lo bueno de tocar el fondo del pozo del desamor y el rechazo es la oportunidad que tienes de reconstruirte y aprender de la experiencia.

Ejercicio 9: Desamor y rechazo

La próxima vez que una pareja potencial te rechace, sigue estos pasos:

- Acepta que el rechazo forma parte de la vida y que de vez en cuando ocurrirá.
- Permítete sentir tus emociones sin juzgarlas ni intentar reprimirlas.
- Sé amable contigo mismo. No adoptes una actitud despectiva y autodestructiva.
- No permitas que el rechazo defina la opinión que tienes de ti mismo.

- Adopta hábitos saludables como comer bien, dormir lo suficiente y hacer ejercicio.

- Una vez que hayas procesado tus emociones, mira qué puedes aprender de la experiencia.

Cuando tengas la experiencia de que te rompan el corazón, sigue estos pasos:

- Haz el duelo recordando los buenos y malos momentos que pasaron juntos.

- Comunícate con los demás y busca el apoyo de tus amigos y familiares.

- Cuídate comiendo bien, haciendo ejercicio y realizando actividades divertidas o relajantes.

- Distánciate de tu ex pareja todo lo que puedas. Deja de seguir sus cuentas en las redes sociales y no intentes contactarle.

- Sanar lleva tiempo, así que no te juzgues cuando reaparezcan sentimientos negativos.

- Céntrate en tus objetivos y sueños en lugar de obsesionarte con el pasado.

Modelos y estructuras de relación

En la sociedad actual, hay mucha más libertad en cuanto a tipos y estructura de las relaciones. Hay personas heterosexuales, que es cuando te sientes atraído por personas del sexo opuesto; homosexuales, cuando te sientes atraído por personas del mismo sexo; y bisexuales, que significa que experimentas atracción por ambos sexos. Dentro de estas sexualidades, se pueden entablar consensuadamente distintos tipos de relaciones. Aquí tienes una lista de diferentes estructuras de relación que la gente acepta:

Monogamia: Es cuando dos personas se comprometen exclusivamente la una con la otra.

Una relación abierta: Es cuando dos personas se comprometen la una con la otra, pero deciden verse también con otras personas.

Poliginia: Es cuando un hombre se compromete con muchas mujeres con su consentimiento y conocimiento.

Poliandria: Es cuando una mujer se compromete con muchos hombres con su consentimiento.

Poliamor: Es cuando las personas tienen varias relaciones con distintas personas.

El poliamor no debe confundirse con el engaño, porque todos los implicados tienen pleno conocimiento de lo que ocurre.

Ejercicio 10: Tipos de relaciones

- ¿Qué tipos de relaciones crees que te interesarían?

_____

_____

_____

_____

_____

- ¿Por qué te interesaría esa estructura?

_____

_____

_____

_____

- ¿Qué puede ir mal en este tipo de relación?

_____

_____

_____

_____

- ¿Cuáles podrían ser los beneficios?

_____

_____

_____

_____

- ¿Te sientes preparado para una relación romántica? ¿Por qué sí o por qué no?

_____

_____

_____

_____

_____

Sección 5: Gestión del estrés y la ira

Navegar por la adolescencia conlleva un torbellino de retos y, como joven, puede que el estrés y la ira se conviertan en compañeros familiares. Las exigencias de la escuela, tu círculo social y las expectativas familiares pueden crear presiones, limitando tus capacidades y nublando tu mente. Además, las normas sociales en torno a la masculinidad y enfrentarte a comportamientos negativos como el acoso y la vergüenza corporal pueden perturbar aún más tu estabilidad emocional. Esta inestabilidad puede dar paso al estrés y a la ira que se manifiestan en tu comportamiento y en tu rutina diaria.

En este capítulo, descubrirás las fuentes de estas emociones y estrategias prácticas para afrontarlas. También conocerás técnicas de regulación emocional como la terapia cognitivo conductual (TCC), la terapia dialéctica conductual (TDC) y otras. Más allá de la terapia, leerás cómo la adopción de mecanismos de afrontamiento saludables, la realización de actividades físicas, el mantenimiento del equilibrio y la comunicación abierta pueden convertirse en herramientas esenciales para controlar el estrés y la ira.

Aunque el estrés y la ira pueden controlarse en casa con cierto apoyo de familiares y amigos, nunca dudes en buscar ayuda profesional, y no lo tomes como un signo de debilidad, sino

Hay múltiples formas de controlar el estrés [6]

como un paso valiente hacia un mayor bienestar. Los terapeutas formados pueden ofrecerte orientación personalizada, ayudándote a desarrollar estrategias de afrontamiento adaptadas a tus circunstancias particulares. Este capítulo es una guía para ti, que te proporciona ideas y herramientas para navegar por las complejidades del estrés y la ira, fomentar la resiliencia y subrayar la importancia de buscar ayuda cuando sea necesario.

Control de la ira

Comprender la ira

Como adolescente, es crucial comprender qué es realmente la ira. Es algo más que frustración: es una emoción compleja que implica desagrado y hostilidad en respuesta a diversos factores estresantes, tanto internos como externos.

Impactos negativos de la ira

Hablemos ahora de las graves consecuencias de la ira descontrolada. Físicamente, puede afectar a tu salud: aumento de la tensión arterial, problemas cardiovasculares y debilitamiento del sistema inmunitario. Mentalmente, puede nublar tu pensamiento, dificultando la concentración y la toma de decisiones acertadas. Emocionalmente, puede hacerte sentir resentido o culpable, o incluso contribuir a problemas de salud mental como la ansiedad y la depresión.

Ramificaciones interpersonales

La ira no es sólo una lucha individual; se extiende a tu vida social. Puede tensar las relaciones, aislarte de los demás y convertir la comunicación en un verdadero reto. Esto es especialmente duro para los chicos adolescentes, teniendo en cuenta las expectativas ligadas a la masculinidad, que a veces dificultan una expresión emocional y unos mecanismos de afrontamiento sanos.

Cambios en el desarrollo

Ahora, vamos a sumergirnos en la ciencia que hay detrás. La testosterona, una hormona que aumenta durante la adolescencia, desempeña un papel importante. Está relacionada con una mayor asertividad y, sí, agresividad. Al mismo tiempo, tu cerebro, sobre todo el córtex prefrontal responsable del control de los impulsos, sigue desarrollándose. Esta mezcla de hormonas y cambios cerebrales puede provocar variaciones en la forma de expresar y regular la ira entre los chicos adolescentes.

Comprender la ira, reconocer sus repercusiones y reconocer los factores hormonales y cerebrales en juego forman parte de la navegación por esta compleja emoción. Es un viaje, y ser consciente de estos aspectos puede capacitarte para desarrollar formas más sanas de expresar y gestionar tus emociones.

La ira como señal

Piensa en la ira como una señal[7]

Repensemos la ira por un momento. En lugar de verla sólo como frustración u hostilidad, considérala como una señal, una señal de que puede estar ocurriendo algo más profundo. La ira suele aflorar cuando hay necesidades insatisfechas o emociones no resueltas que acechan bajo la superficie.

Reflexionar sobre las raíces

Así que, la próxima vez que sientas esa oleada de ira, da un paso atrás. Pregúntate a ti mismo: ¿Qué está pasando aquí realmente? ¿Qué necesidades o emociones pueden estar bullendo debajo? La ira podría estar provocando sentimientos de dolor, decepción o miedo. Reflexionar sobre las raíces de tu ira te permite acceder a una comprensión más profunda de ti mismo.

Desvelar los mensajes

Piensa en la ira como un mensajero que intenta transmitir algo importante. Puede estar indicando que se ha traspasado un límite, que se ha cuestionado un valor o que no se está atendiendo una necesidad emocional más profunda. Al descifrar estos mensajes, te haces una idea de tu propio paisaje emocional, y puedes responder de un modo que aborde los problemas subyacentes en lugar de la ira superficial.

Cambiar la perspectiva de la ira para verla como una señal fomenta un nivel más profundo de autorreflexión. Es una invitación a explorar las raíces de tus emociones y a descifrar los mensajes que contienen, allanando en última instancia el camino hacia respuestas más significativas y constructivas a los retos de la vida.

Identificar los desencadenantes

Muy bien, desglosémoslo. Como adolescente, comprender qué es lo que desencadena tu ira cambia las reglas del juego. Los desencadenantes pueden ser tanto externos como internos. Los desencadenantes externos pueden ser situaciones frustrantes en el colegio, conflictos con los amigos o dinámicas familiares. Internamente, pueden ser sentimientos de inadecuación, miedo o estrés. Ser consciente de estos desencadenantes es como tener un mapa para navegar por tu paisaje emocional.

El poder de la autoconciencia

Ahora bien, ¿por qué es importante? El autoconocimiento es tu superpoder. Conocer tus desencadenantes significa que puedes coger esa ola de ira antes de que se estrelle. Conocer tus desencadenantes significa que puedes coger esa ola de ira antes de que colapse. Se trata de reconocer las situaciones, pensamientos o emociones que alimentan tu ira, dándote la oportunidad de responder, no de reaccionar.

Expresar sanamente las emociones

Esto es lo que hay: las emociones forman parte del ser humano. Está bien sentirse enfadado, pero la forma de expresarlo es clave. Una expresión sana significa encontrar formas respetuosas de comunicar tus sentimientos. Reprimir las emociones o explotar de ira no son tus únicas opciones. Hacer saber a los demás cómo te sientes puede hacerse con calma y de forma asertiva.

La importancia de la expresión respetuosa

Expresar la ira respetuosamente no es un signo de debilidad, sino de fortaleza. Se trata de defenderte a ti mismo respetando a los demás. Gritar o recurrir a la agresividad puede parecer un desahogo, pero rara vez resuelve los problemas subyacentes. La expresión respetuosa fomenta la comprensión y abre líneas de comunicación.

Comunicación alternativa

Entonces, ¿cómo puedes comunicarte sin agresividad? Prueba con la asertividad y la resolución de conflictos. Ser asertivo significa expresar claramente tus necesidades y sentimientos sin ser pasivo ni agresivo. La resolución de conflictos implica encontrar puntos en común, comprender las perspectivas de los demás y trabajar para encontrar soluciones. Estas habilidades no sólo calman la ira, sino que también fortalecen las relaciones.

En pocas palabras, comprender tus desencadenantes, adoptar la autoconciencia y expresar las emociones respetuosamente son herramientas cruciales en tu caja de herramientas emocional. Al elegir la asertividad y la resolución de conflictos, no sólo controlas la ira, sino que construyes vínculos más sanos y afrontas los retos de la vida adolescente con delicadeza.

Diversas estrategias de afrontamiento

Oye, vamos a explorar un montón de estrategias que te ayudarán a controlar la ira porque, admitámoslo, todos necesitamos un conjunto de herramientas para esos momentos intensos. En primer lugar, prueba a escribir un diario. Volcar tus pensamientos sobre el papel puede ser como darle a tu mente un respiro. Te ayuda a comprender qué está alimentando la ira y a menudo te ayuda a encontrar soluciones.

Expresión creativa y aficiones

Expresarte de forma creativa es otra forma de ganar. Ya sea a través del arte, la música o la escritura, las salidas creativas ofrecen una forma constructiva de canalizar esa energía. Dedicarte a las aficiones que te gustan -ya sea jugar, programar o montar en monopatín- puede ser una poderosa distracción, que dará a tu mente un respiro de los desencadenantes de la ira.

La actividad física como válvula de escape

Hablemos ahora de la magia de la actividad física. Es como una válvula de liberación de presión. El deporte, el ejercicio o incluso un paseo a paso ligero: todos ayudan a liberar esa energía reprimida. Los beneficios van más allá del simple desahogo: la actividad física provoca la liberación de endorfinas, esas hormonas del bienestar que pueden bajar el volumen de la ira.

Técnicas de atención plena

En el calor del momento, las técnicas de atención plena pueden ser tu estrategia. La respiración profunda cambia las reglas del juego. Respira lenta y profundamente: parece sencillo, pero hace maravillas para calmar la tormenta interior. La meditación guiada es otra joya. Las aplicaciones o los recursos en línea pueden guiarte a través de ejercicios calmantes, ayudándote a mantenerte presente y centrado.

Beneficios de estar presente

¿Por qué preocuparse por la atención plena? Estar presente en el momento te ayuda a desvincularte de la narrativa de la ira. Es como poner en pausa el caos. Cuando estás presente, puedes elegir cómo responder en lugar de reaccionar impulsivamente. Es un superpoder que se consigue con la práctica.

En pocas palabras, tu kit de herramientas para la ira es como un cinturón de herramientas de superhéroe repleto de diarios, expresión creativa, actividad física y técnicas de atención plena. Experimenta con ellas, encuentra lo que te funciona, y recuerda: controlar la ira es algo más que contenerla; se trata de transformar esa energía en algo positivo.

Gestión del estrés

Comprender el estrés

Desenmascararemos un poco el estrés. Es algo más que sentirse abrumado; es la respuesta de tu cuerpo a los desafíos. El estrés es una parte natural de la vida, pero cuando se vuelve crónico, puede pasar factura, sobre todo a los adolescentes que hacen malabarismos con los estudios, la vida social y las expectativas familiares.

Síntomas físicos

Ahora bien, ¿qué aspecto tiene el estrés en tu cuerpo? Imagínatelo: tensión muscular, dolores de cabeza, dolores de estómago o problemas para dormir. El estrés no sólo vive en tu mente; puede manifestarse en síntomas físicos, dándote señales de que tu cuerpo necesita atención.

Impacto en los adolescentes

Para los adolescentes, el impacto del estrés va más allá de sentirse al límite. Puede alterar su concentración, su estado de ánimo e incluso su sistema inmunitario. El estrés crónico puede contribuir a la ansiedad y la depresión, por lo que es crucial reconocer y controlar los factores estresantes desde el principio.

Aspectos fisiológicos

Entremos en materia. Cuando estás estresado, tu cuerpo se pone en marcha. El cerebro indica la liberación de hormonas del estrés como el cortisol y la adrenalina. Estas hormonas desencadenan una serie de cambios fisiológicos: el corazón late más deprisa, la respiración se acelera y los músculos se tensan. Es la forma que tiene tu cuerpo de prepararse para la acción.

Respuesta de lucha o huida

¿Has oído hablar alguna vez de la respuesta de lucha o huida? Es el antiguo mecanismo de supervivencia de tu cuerpo. Ante una amenaza, real o percibida, tu cuerpo se prepara para luchar o huir. En el mundo moderno, puede que tus estresores no sean leones o tigres, pero tu cuerpo sigue reaccionando de la misma manera. Comprender esta respuesta te ayuda a entender por qué el estrés te afecta físicamente: es tu cuerpo preparándose para la acción, aunque esa acción sea un examen difícil o una situación social.

Así pues, el estrés no está sólo en tu cabeza; es una experiencia de todo el cuerpo. Reconocer los síntomas físicos, comprender los aspectos fisiológicos y conocer la respuesta de lucha o huida son pasos cruciales para controlar el estrés. Se trata de encontrar el equilibrio y dar a tu cuerpo los cuidados que necesita para afrontar los retos de la vida adolescente.

Posibles factores de estrés para los chicos adolescentes

Navegar por la adolescencia conlleva su buena dosis de desafíos. Analicemos algunos de los posibles factores estresantes que te pueden afectar. En primer lugar, las presiones académicas: los inminentes exámenes, las tareas y la necesidad constante de cumplir las expectativas. Luego están las expectativas sociales: encajar, navegar por las amistades y las reglas tácitas de los círculos sociales. Y no olvidemos los retos personales: esas luchas internas que a veces pueden parecer una montaña rusa.

Técnicas de autoconocimiento

Ahora, la clave está en convertirte un poco en detective de tu propia vida. El autoconocimiento es tu aliado aquí. Empieza por prestar atención a tus emociones. Si te sientes abrumado, estresado o ansioso, pregúntate por qué. ¿Es la montaña de deberes, la escena social o algo más profundo? Escribir un diario es una herramienta poderosa. Escribe tus pensamientos y sentimientos; es como iluminar lo que ocurre en tu interior.

Reconocer las presiones académicas

Cuando se trata de los estudios, fíjate en los signos del estrés. ¿Procrastinas más de lo habitual? ¿Tu mente está constantemente acelerada con pensamientos sobre las notas o los próximos exámenes? Reconocer estas señales te ayuda a identificar las presiones académicas y a tomar medidas para controlarlas.

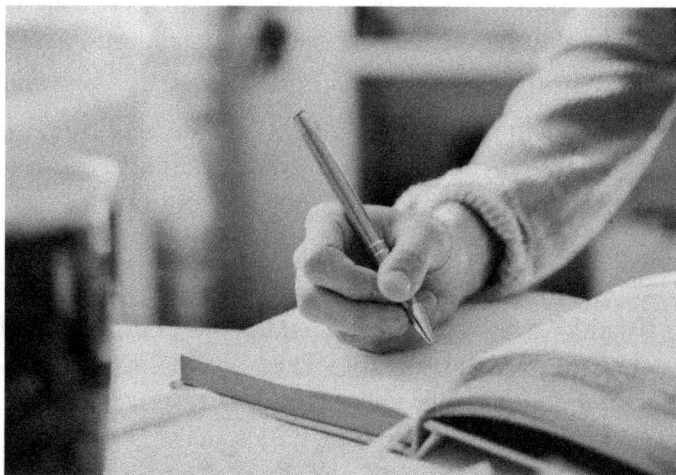

La presión académica provoca estrés [8]

Navegar por las expectativas sociales

Las expectativas sociales pueden ser complicadas. Si te encuentras constantemente comparando o sintiendo la necesidad de cumplir ciertas normas, es hora de hacer una pausa. Pregúntate si esas expectativas están en consonancia con tus valores. Crear conexiones auténticas es más valioso que ajustarse a normas sociales poco realistas.

Afrontar los retos personales

Los retos personales a menudo acechan en las sombras. Quizá sean dudas sobre ti mismo, inseguridades o presiones que te impones. Reflexiona sobre tu diálogo interior. ¿Estás siendo demasiado duro contigo mismo? Aprender a ser amable contigo mismo es una herramienta poderosa para superar los retos personales.

En pocas palabras, convertirse en un detective del estrés implica técnicas de autoconocimiento. Presta atención a tus emociones, utiliza el diario como herramienta y reconoce las señales que apuntan a presiones académicas, expectativas sociales y retos personales. Al comprender las fuentes del estrés, te capacitas para afrontar estos retos con resiliencia y determinación.

La conexión mente-cuerpo

Hablemos de un dúo dinámico: tu mente y tu cuerpo. Son como parejas de baile, y sus movimientos se influyen mutuamente más de lo que crees. Cuando se trata de controlar el estrés, cuidar de tu cuerpo es un factor de cambio para tu bienestar mental.

La actividad física como antiestrés

En primer lugar, la magia de la actividad física. No se trata sólo de mantenerse en forma; es un superhéroe antiestrés. Cuando mueves tu cuerpo, las endorfinas (esas hormonas que te hacen sentir bien) inundan tu sistema, actuando como calmantes naturales del estrés. Ya sea un entrenamiento, trotar o jugar, encuentra lo que te mueve y conviértelo en una parte habitual de tu rutina.

Sueño de calidad para una mente despejada

Hablemos ahora del sueño. Es como un botón de reinicio para tu mente. Cuando estás bien descansado, tu cerebro funciona mejor, por lo que es más fácil enfrentarse al estrés. Crea una rutina de sueño, relájate antes de acostarte y da prioridad a esas zzz.

Nutrición y poder cerebral

Alimentar tu cuerpo con lo adecuado es otra pieza clave. Tu cerebro necesita nutrientes para funcionar bien. Las comidas equilibradas con mucha fruta, verdura y cereales integrales proporcionan la energía y la concentración que necesitas para controlar el estrés con eficacia.

Hidratación para la claridad mental

El agua, amigo mío, no sólo sirve para calmar la sed. La deshidratación puede alterar tu estado de ánimo y tu concentración. Mantente hidratado, y tu cerebro te lo agradecerá con claridad mental y concentración.

Técnicas de atención plena y relajación

Ahora, vamos a sumergirnos en la atención plena. No es sólo una palabra de moda; es una habilidad antiestrés. Prácticas como la respiración profunda, la meditación y el yoga centran tu atención en el momento presente, calmando tanto tu mente como tu cuerpo.

Equilibrar el tiempo de pantalla

Ah, y sobre las pantallas: a todos nos encantan, pero demasiado tiempo frente a ellas puede alterar tu sueño y tus niveles de estrés. El equilibrio es la clave. Dale un respiro a tus ojos y a tu mente, sobre todo antes de acostarte.

En pocas palabras, cuidar de tu cuerpo es un movimiento poderoso en la gestión del estrés. Actividad física, sueño de calidad, buena alimentación, hidratación, atención plena y un enfoque equilibrado de las pantallas: éstas son tus herramientas. Cuando tu cuerpo está sincronizado, tu mente le sigue, creando una danza armoniosa que favorece el bienestar general, ayudándote a afrontar el estrés con resiliencia.

La atención plena para controlar el estrés

Vamos a sumergirnos en los superhéroes de la gestión del estrés: la atención plena y la relajación. Son las herramientas a las que debes recurrir para evitar que el estrés se apodere de ti. Son como un botón de reinicio para tu mente y tu cuerpo.

Ejercicio de respiración profunda

En primer lugar, la respiración profunda. Es sencilla pero increíblemente eficaz. Busca un lugar tranquilo, siéntate cómodamente e inhala profunda y lentamente por la nariz. Tras aguantar un poco, espira lentamente por la boca. Repítelo unas cuantas veces, prestando atención a cómo sientes cada respiración. Este ejercicio calma tu sistema nervioso, aliviando la tensión y favoreciendo la relajación.

Meditación de escaneo corporal

Ahora vamos a explorar una meditación de escaneo corporal. Busca una postura cómoda, cierra los ojos y lleva tu atención a distintas partes del cuerpo, empezando por los dedos de los pies y subiendo hasta la cabeza. Observa cualquier tensión o sensación sin juzgarla. Al espirar, imagina que liberas cualquier tensión que encuentres. Este ejercicio fomenta la conciencia y la relajación en todo el cuerpo.

Caminar con atención

Si sentarte no es lo tuyo, prueba a caminar con atención plena. Da un paseo, prestando plena atención a cada paso y a las sensaciones de tu cuerpo. Siente el suelo bajo tus pies, el movimiento de tus piernas y el ritmo de tu respiración. Así te centrarás en el momento presente, aliviando el estrés y promoviendo una sensación de calma.

Imaginación guiada

La imaginación guiada es otra herramienta poderosa. Cierra los ojos e imagina un lugar tranquilo: puede ser una playa, un bosque o cualquier sitio donde te sientas en calma. Involucra todos tus sentidos en este retiro mental. La visualización ayuda a tu mente a separarse de los factores estresantes, creando un santuario mental.

Relajación muscular progresiva

Ahora, probemos la relajación muscular progresiva. Empieza tensando y soltando cada grupo muscular del cuerpo, desde los dedos de los pies hasta la cabeza. Esta técnica promueve la relajación física, ayudando a liberar la tensión acumulada.

Atención plena en las actividades cotidianas

Por último, incorpora la atención plena a tus actividades cotidianas. Ya sea comer, ducharte o incluso fregar los platos, hazlo con atención plena. Observa las sensaciones, los olores y los sabores.

Esta sencilla práctica transforma las tareas rutinarias en oportunidades para la atención plena, rompiendo el ciclo del estrés.

Recuerda que estos ejercicios son como unas minivacaciones para tu mente. Incorpóralos regularmente, sobre todo cuando el estrés empiece a llamar a tu puerta. Al hacer que la atención plena y la relajación formen parte de tu rutina, estás construyendo una fortaleza contra el estrés, promoviendo un enfoque tranquilo y centrado de los retos de la vida.

Introducción al entrenamiento de la inoculación de estrés (SIT, por sus siglas en inglés)

Muy bien, añadamos otra herramienta a tu arsenal de gestión del estrés: El entrenamiento de la inoculación de estrés (SIT). Es como preparar tu mente para la batalla, te ayuda a manejar los acontecimientos estresantes como un profesional. El SIT consiste en desarrollar resiliencia y habilidades de afrontamiento por adelantado, de modo que cuando llegue el estrés, estés preparado.

Anticiparse y adaptarse

Imagínatelo como la preparación de una partida. Conoces los movimientos del adversario y tienes una estrategia. El SIT funciona de forma similar. Se anticipa a los factores estresantes y te equipa con una armadura mental para adaptarte y sortear las situaciones difíciles.

Técnicas para desarrollar mecanismos de afrontamiento

Reestructuración cognitiva

Empieza por identificar los patrones de pensamiento negativos relacionados con el estrés. ¿Existen creencias recurrentes que hacen que las situaciones parezcan peores de lo que son? Desafía y reformula estos pensamientos. Es como darle a tu mente una mejora para resistir el estrés.

Técnicas de relajación

Practica ejercicios de relajación con regularidad. Esto podría incluir la respiración profunda, la relajación muscular progresiva o la imaginación guiada. Al convertir estas técnicas en un hábito, básicamente estás entrenando tu mente para mantener la calma bajo presión.

Juego de rol

¿Has ensayado alguna vez para una obra de teatro o una presentación? Aplica la misma idea aquí. Representa situaciones estresantes. Puede resultar un poco extraño al principio, pero es una forma poderosa de aumentar la confianza y desarrollar respuestas adaptativas a posibles factores estresantes.

Habilidades para resolver problemas

El estrés suele ser consecuencia de sentirse abrumado por los problemas. El SIT te enseña a descomponer los retos en partes manejables. Desarrolla habilidades de resolución de problemas identificando pasos concretos para abordar los problemas y convirtiendo los posibles factores estresantes en tareas procesables.

Entrenamiento autodidáctico

Esto implica crear un diálogo interior positivo. En lugar de dejar que los pensamientos negativos tomen la iniciativa, guía conscientemente tu mente con afirmaciones positivas y alentadoras. Es como tener un entrenador de apoyo dentro de tu cabeza en los momentos difíciles.

Adaptarse a situaciones estresantes

Recuerda que el objetivo del SIT no es eliminar el estrés, sino adaptarse y prosperar a pesar de él. Al incorporar estas técnicas a tu rutina, básicamente estás construyendo un gimnasio de resiliencia mental. Cuanto más practiques, más fuerte y adaptable se volverá tu mente.

Así que piensa en el SIT como tu arma secreta contra el estrés. Se trata de una preparación proactiva, que te da las herramientas para enfrentarte a los retos y salir fortalecido al final.

Fomentar la resiliencia y la mentalidad de crecimiento

Por supuesto, añadamos algunas herramientas más a tu kit de herramientas de resiliencia. Fomentar la resiliencia no consiste sólo en soportar las tormentas, sino en crecer a través de ellas. Aquí tienes algunos ejercicios y actividades que te ayudarán a fomentar la resiliencia y a desarrollar una mentalidad de crecimiento:

Aprende de los contratiempos

Cuando te enfrentes a un contratiempo, tómate un momento para reflexionar. ¿Qué salió mal? ¿Qué puedes aprender de esta experiencia? Cambiar tu perspectiva del fracaso a la oportunidad te permite extraer valiosas lecciones, haciéndote más resistente ante futuros retos.

Acepta los retos

En lugar de rehuir los retos, búscalos activamente. Ya sea probar una nueva afición, emprender un proyecto desafiante o aprender una nueva habilidad, salir de tu zona de confort fomenta la resiliencia. Aceptar los retos enseña a tu mente que la incomodidad suele ser precursora del crecimiento.

Afirmaciones positivas

Integra afirmaciones positivas en tu rutina diaria. Afirmaciones como "soy resiliente" o "acepto los retos como oportunidades de crecimiento" refuerzan una mentalidad positiva. Repite estas afirmaciones con regularidad, sobre todo en los momentos difíciles, para reforzar tu resiliencia.

Diario de reflexión

Reserva tiempo para escribir un diario. Documenta tus experiencias, retos y cómo los has superado. Esto no sólo te ayuda a procesar las emociones, sino que también sirve como registro tangible de tu viaje de resiliencia. Es un testimonio de tu capacidad para sortear las dificultades.

Fijación y consecución de objetivos

Divide los grandes objetivos en tareas más pequeñas y manejables. Celebra cada pequeño logro a lo largo del camino. Esto no sólo crea una sensación de logro, sino que también refuerza la idea de que se progresa mediante un esfuerzo constante, fomentando una mentalidad de crecimiento.

Visualización

Imagínate superando retos. La visualización es una técnica poderosa para preparar tu mente para el éxito. Cierra los ojos e imagínate vívidamente afrontando y triunfando sobre los obstáculos. Este ensayo mental te ayuda a creer que puedes superar las dificultades.

Rodéate de apoyo

Cultiva una red de amigos y familiares que te apoyen. Compartir experiencias y pedir consejo a los demás puede aportar perspectivas diferentes y puntos de vista valiosos. Saber que tienes un sistema de apoyo refuerza tu resiliencia.

Practica la autocompasión

Trátate con amabilidad, especialmente en los momentos difíciles. Comprende que los contratiempos son una parte natural de la vida, y que tu respuesta a ellos importa. Practica la autocompasión tratándote como tratarías a un amigo en una situación similar.

Recuerda, desarrollar la resiliencia es un proceso continuo, y estas actividades contribuyen a desarrollar una mentalidad de crecimiento. Cada reto es una oportunidad para ser más resiliente, más adaptable y, en última instancia, más preparado para afrontar las complejidades de la vida.

Sección 6: Habilidades prácticas/de emergencia

Este capítulo es una guía de habilidades prácticas y de emergencia que afectan directamente a tu vida cotidiana. Desde dominar los retos cotidianos hasta afrontar de frente las emergencias inesperadas, esta sección es tu caja de herramientas para navegar con confianza por los giros de la vida.

Es necesario desarrollar diversas habilidades [9]

En el ajetreo de la existencia cotidiana, las habilidades prácticas como la gestión financiera, la comunicación eficaz y la optimización del tiempo sientan las bases de una vida plena. Pero la vida es impredecible, y las emergencias pueden surgir en cualquier momento. Ahí es donde resultan cruciales las habilidades para emergencias como los primeros auxilios, la comunicación en situaciones de crisis y la toma rápida de decisiones.

Habilidades de mantenimiento del hogar

Las habilidades fundamentales para el mantenimiento del hogar son la columna vertebral de una casa que funciona bien, y garantizan que las pequeñas cuestiones no se conviertan en problemas importantes. Estas habilidades te capacitan para realizar reparaciones básicas y mantener tu espacio vital cómodo y eficiente. He aquí algunas habilidades esenciales para el mantenimiento del hogar:

Cambiar una bombilla

Asegúrate de que la alimentación está desconectada antes de cambiar las bombillas, toma todas las precauciones de seguridad y utiliza la potencia adecuada de la bombilla.

- Desenrosca la bombilla vieja en el sentido contrario a las agujas del reloj.
- Enrosca la bombilla nueva en el sentido de las agujas del reloj hasta que quede ajustada. Ten cuidado de no apretar demasiado.

Arreglar un grifo que gotea

Aprender a arreglar un grifo que gotea es importante [10]

- Cierra el suministro de agua al grifo.
- Retira la manija del grifo con un destornillador.
- Sustituye la arandela o la junta tórica desgastada por una nueva.
- Vuelve a montar el grifo y abre de nuevo el suministro de agua.

Utilizar herramientas básicas

Familiarízate con las herramientas habituales[ii]

- Familiarízate con herramientas comunes como destornilladores, alicates, llaves y un martillo.
- Aprende a utilizar estas herramientas para tareas básicas, como apretar tornillos, montar muebles o arreglar objetos sueltos.

Solución de problemas domésticos comunes

- Identifica y resuelve problemas eléctricos, como interruptores disparados o fusibles fundidos.
- Saber cómo restablecer un interruptor y sustituir un fusible si es necesario.
- Soluciona problemas de fontanería, como desagües atascados o retretes que no funcionan.

Pintar y parchear

- Aprende a reparar pequeños agujeros o grietas en las paredes utilizando masilla o compuesto para juntas.
- Comprende los fundamentos de la pintura, incluida la preparación adecuada, la imprimación y la aplicación de la pintura.

Habilidades básicas de carpintería

- Saber utilizar una cinta métrica, un nivel y una escuadra para medir y alinear con precisión.
- Aprende tareas sencillas de carpintería, como instalar estanterías, montar muebles o reparar pequeños trabajos de carpintería.

Problemas eléctricos

- Identifica y restablece los interruptores disparados de tu cuadro eléctrico.
- Sustituye los fusibles fundidos por otros del amperaje correcto.

Intenta sustituir este componente eléctrico sólo si conoces el proceso, e implica siempre a un familiar para que te ayude.

Problemas de fontanería

- Desatasca los desagües atascados utilizando un desatascador de goma o un desatascador en espiral. Estas herramientas son fáciles de manejar y no necesitarás instrucciones para ejecutarlas.

Sin embargo, para arreglar inodoros, grifos o duchas que no funcionan puede ser necesario un fontanero profesional.

Mantenimiento del sistema de climatización

- Lo mejor es cambiar los filtros de aire cada uno o tres meses.
- También puedes limpiar las rejillas de ventilación y asegurarte de que están desbloqueadas, permitiendo que el aire fluya hacia el interior de la unidad.

Problemas con las puertas

- Es fácil arreglar las bisagras que chirrían aplicando lubricante o apretando los tornillos de una cerradura floja.

Pintar y parchear

- El primer paso es limpiar la zona alrededor del agujero o la grieta.
- Aplica masilla o compuesto para juntas con una espátula, asegurándote de rellenar bien la hendidura.
- Lija la zona parcheada una vez seca.

Pintura básica

- Prepara las superficies limpiándolas e imprimándolas si es necesario.
- Aplica la pintura con una brocha o rodillo de calidad, con trazos uniformes.

Antes de empezar a pintar, es mejor que te informes sobre el proceso de lijado y la forma de imprimar la madera antes de pintarla. Tras unos cuantos talleres de carpintería y varias pruebas, estarás listo.

Habilidades básicas de carpintería

Instalación de estanterías

- Mide y marca la altura deseada del estante.
- Instala firmemente los soportes de los estantes, asegurándote de que estén nivelados.
- Coloca el estante encima y fíjalo en su sitio.

Montaje de muebles

- Lee y sigue atentamente las instrucciones de montaje.
- Utiliza herramientas adecuadas para apretar tornillos y pernos.

Mantenimiento de ventanas

Limpia las ventanas con regularidad [12]

- Limpia las ventanas regularmente con un detergente suave o un limpiacristales.
- Inspecciona y sustituye los burletes dañados para mejorar la eficiencia energética.
- Lubrica los rieles y las bisagras de las ventanas para garantizar un funcionamiento suave.

Reparación de suelos

- Arregla los suelos chirriantes aplicando polvos de talco o lubricante especializado entre las tablas del suelo.
- Repara pequeños arañazos en los suelos de madera con una masilla para madera o un kit de retoque.
- Sustituye las baldosas o las tablas del suelo dañadas según sea necesario.

Mantenimiento de puertas de garaje

- Lubrica los rodillos, bisagras y carriles de la puerta del garaje con lubricante a base de silicona.
- Prueba la función de retroceso automático colocando un objeto en la trayectoria de la puerta.
- Aprieta los tornillos sueltos e inspecciona la puerta en busca de daños visibles.

Solución de problemas de electrodomésticos

- Limpia las bobinas del frigorífico para mejorar la eficiencia y reducir el consumo de energía.
- Comprueba y sustituye los filtros de agua del frigorífico según las recomendaciones del fabricante.
- Soluciona problemas comunes de las lavadoras, como comprobar si hay fugas en las mangueras y asegurar un equilibrio adecuado.

Costura básica y reparación de telas

- Aprende a coser un botón o a remendar pequeños desgarros en la ropa.

- Haz dobladillos en pantalones o faldas y remienda pequeñas imperfecciones del tejido.

Mantenimiento de canaletas

- Limpia regularmente los desechos de las canaletas para evitar atascos y daños por agua.

- Asegúrate de que las canaletas están bien sujetas y tienen la pendiente adecuada para que fluya el agua.

Control de plagas

- Identifica las plagas domésticas más comunes y toma medidas preventivas.

- Utiliza remedios naturales o trampas para los problemas menores de plagas.

- Saber cuándo buscar servicios profesionales de control de plagas.

Aprender sobre el control de plagas y reunir los conocimientos pertinentes puede permitirte evitar las infestaciones de plagas en tus instalaciones.

Mantenimiento básico del vehículo

Poseer y mantener un vehículo conlleva una serie de habilidades esenciales que no sólo garantizan tu seguridad en la carretera, sino que también contribuyen a la longevidad y eficiencia de tu vehículo. Estas son las habilidades cruciales relacionadas con la propiedad y el mantenimiento de un vehículo:

Cambiar una rueda pinchada

Cambiar una rueda pinchada no es difícil [13]

- Aparca el coche en una superficie plana y estable.

- Activa el freno de estacionamiento y localiza la rueda de repuesto, el gato y la llave de tuercas en tu vehículo.

- Afloja ligeramente las tuercas de las ruedas antes de levantar el coche con el gato.

- Quita las tuercas, desmonta el neumático pinchado e instala la rueda de repuesto.

- Aprieta las tuercas siguiendo un patrón de estrella, baja el coche y termina de apretar las tuercas.

Comprobación del nivel de aceite

- Aparca el coche en un terreno llano y apaga el motor.

- Localiza la varilla del aceite, normalmente cerca del motor.

- Retira la varilla de nivel, dale una limpieza rápida, vuelve a introducirla completamente y, a continuación, retírala una vez más.

- Comprueba el nivel de aceite con las marcas de la varilla.

- Si el nivel de aceite es bajo, añade el tipo de aceite recomendado según el manual de tu vehículo.

Mantenimiento básico del coche

Mantenimiento de neumáticos

- Comprueba regularmente la presión de los neumáticos con un manómetro y asegúrate de que coincide con los niveles recomendados.

- Rota los neumáticos según el programa de mantenimiento del vehículo para conseguir un desgaste uniforme.

- Comprueba si los neumáticos presentan signos de desgaste y sustitúyelos inmediatamente si el vehículo se utiliza de forma activa.

Mantenimiento de la batería

- Inspecciona los bornes de la batería en busca de corrosión y límpialos si es necesario.

- Comprueba el nivel de líquido de la batería, si procede.

Sustitución del filtro de aire

- Sustituye el filtro de aire a intervalos regulares para asegurar el correcto funcionamiento del motor.

Inspección de frenos

- Vigila el nivel del líquido de frenos y rellénalo si es necesario.

- Comprueba el desgaste de las pastillas de freno y sustitúyelas si son demasiado finas.

- Instala siempre pastillas de freno de primera calidad, ya que no se desgastan rápidamente.

Comprobación del refrigerante

- Asegúrate de que el motor está frío antes de abrir el tapón del radiador.

- Comprueba el nivel de refrigerante y rellénalo si es necesario con la mezcla de refrigerante adecuada.

Comprender las luces de advertencia

- Familiarízate con las luces de advertencia comunes del tablero.
- Conoce las medidas adecuadas que debes tomar cuando se enciendan determinadas luces de advertencia.

Preparación para emergencias

- Guarda herramientas básicas, linternas, cables de arranque, botiquín de primeros auxilios y otras necesidades en el botiquín de emergencia de tu coche.
- Saber utilizar un kit de reparación de neumáticos o un sellador provisional en caso de pinchazo pequeño.

Leer el manual de usuario

- Comprende las recomendaciones del fabricante sobre los intervalos y procedimientos de mantenimiento.
- Conoce las características y funciones específicas de tu vehículo.

Habilidades básicas de cocina

Habilidades con el cuchillo

- Sujeta el cuchillo con firmeza y utiliza un movimiento de vaivén para picar.
- Practica el agarre de garra con la mano que no corta para protegerte los dedos.

Saltear y sofreír

- Calienta primero la sartén y luego añade el aceite.
- Utiliza una espátula para mantener los ingredientes en movimiento en la sartén y conseguir una cocción uniforme.

Hervir y cocer a fuego lento

- Hervir es para cocer pasta o verduras rápidamente; cocer a fuego lento es para cocer lentamente guisos o salsas.
- Ajusta el fuego para mantener un hervor suave sin que llegue a hervir.

Comidas en una sartén

- Combina las proteínas, las verduras y los almidones en una bandeja para hornear o en una cazuela.
- Sazona los ingredientes uniformemente y hornéalos para obtener un plato práctico y equilibrado.

Proteínas a la parrilla

- Marina las proteínas para darles sabor y ternura.
- Ásalas a fuego medio, dándoles la vuelta una vez para que se cocinen por igual.

Platos salteados

- Corta los ingredientes uniformemente para una cocción uniforme.
- Remueve continuamente a fuego fuerte para una comida rápida y nutritiva.

Planificación de comidas

Planificar con antelación

- Elige las recetas de la semana en función de tus preferencias y necesidades nutricionales.
- Considera la posibilidad de cocinar por lotes para tener sobrantes.

Compras

Crea una lista de la compra y organízala[14]

- Organiza tu lista de la compra por secciones (productos agrícolas, lácteos, etc.).
- Cíñete a tu lista para evitar las compras impulsivas.

Habilidades de lavandería

Clasificar la ropa

- Separa los blancos, los oscuros y los delicados.
- Consulta las instrucciones específicas en las etiquetas de cuidado.

Uso de la lavadora

- Añade el detergente antes que la ropa para asegurar una distribución adecuada.
- Elige los ajustes adecuados (temperatura, ciclo) para la carga.

Símbolos de lavandería

Aprender símbolos comunes

- Consulta la etiqueta de cuidados para ver los símbolos relacionados con el lavado, el secado y el planchado.
- Familiarízate con los símbolos comunes, como los de lavado en frío, ciclo delicado y sin lejía.

Uso correcto de una lavadora

Cargar la lavadora

- Evita abarrotarla para garantizar una limpieza a fondo.
- Mete las prendas delicadas en bolsas de malla para lavadora.

Uso de la secadora

- Limpia el filtro de pelusas antes de cada uso.
- Ajusta la configuración en función del tipo de tejido para evitar que encoja o se dañe.

Organización de los espacios vitales

Limpieza regular

- Establece una rutina diaria para recoger y ordenar.
- Designa momentos específicos para las tareas de limpieza más profundas.

Utilizar el espacio vertical

- Instala estanterías flotantes u organizadores de pared.
- Utiliza cubos de almacenaje bajo la cama para los objetos que no necesites con frecuencia.

Etiquetar recipientes de almacenamiento

- Etiqueta claramente los contenedores o recipientes con su contenido.
- Agrupa los objetos similares para encontrarlos más fácilmente.

Hacer la cama

- Alisa las arrugas y ordena las almohadas.
- Este sencillo hábito mejora al instante el aspecto y la sensación de tu dormitorio.

Habilidades fundamentales para emergencias

Primeros auxilios

Evaluar la escena

Garantiza tu seguridad antes de ayudar a otros. Evalúa rápidamente la situación e identifica los peligros potenciales.

Comprobar la capacidad de respuesta

Golpea suavemente a la persona y pregúntale en voz alta si está bien. Si no responde, pide ayuda urgente.

Realizar la RCP

Para un adulto: Comienza las compresiones torácicas (al menos a cinco centímetros de profundidad) a un ritmo de 100 a 120 compresiones por minuto. Combina las compresiones con respiraciones de rescate (30 compresiones por dos respiraciones).

Controlar las hemorragia

Aplica presión directa con un paño limpio o un vendaje. Eleva la zona lesionada si es posible.

Manejar las quemaduras

Enfría la quemadura con agua corriente durante al menos 10 minutos. Cubre la quemadura con un vendaje limpio y antiadherente.

RCP (reanimación cardiopulmonar)

Comprueba la respiración

Asegúrate de que la persona no respira o sólo jadea. Si no respira, inicia inmediatamente la RCP.

Realiza compresiones torácicas

Coloca las manos en el centro del pecho, entrelazando los dedos. Utiliza el peso de tu cuerpo para realizar las compresiones.

Da respiraciones de rescate

Inclina ligeramente la cabeza hacia atrás y levanta la barbilla. Da dos respiraciones de rescate después de cada 30 compresiones.

Continúa hasta que llegue la ayuda

Realiza la RCP hasta que llegue ayuda profesional o la persona empiece a respirar por sí misma.

Llamar a los servicios de emergencia

Llama inmediatamente a los servicios de emergencia (por ejemplo, 9-1-1). Proporciona información concisa y precisa sobre la situación.

Respuesta de asfixia

Para una persona consciente: Estimula la tos. Para una persona inconsciente: Inicia la RCP prestando más atención a despejar las vías respiratorias.

Afrontar el shock

Tumba a la persona y eleva sus piernas. Mantenla caliente y tranquilízala hasta que llegue la ayuda.

Manipulación de fracturas:

Inmoviliza la zona lesionada utilizando una férula o una almohadilla. Sujeta el miembro lesionado mientras esperas ayuda médica profesional.

Reconocer situaciones de emergencia

Conoce los signos de un infarto de miocardio (dolor torácico, dificultad para respirar) y de un ictus (entumecimiento repentino, confusión). Anima a la persona a buscar ayuda médica inmediatamente.

Uso del DEA (desfibrilador externo automático)

Localiza y enciende el DEA

Comprueba si hay un DEA cerca. Enciéndelo y sigue las indicaciones de voz.

Coloca los electrodos del DEA

Expone el pecho de la persona y coloca los electrodos del DEA como se muestra en el diagrama. Deja que el DEA analice el ritmo cardiaco.

Sigue las instrucciones del DEA

Si te lo aconseja, administra una descarga y continúa la RCP hasta que llegue la ayuda. Si no se aconseja una descarga, continúa con la RCP.

Montaje de kits de preparación para emergencias

Kits de emergencia para el hogar

Empaca sólo los objetos esenciales que puedas utilizar para comunicarte y que te puedan resultar útiles durante un periodo de supervivencia. Empaca agua para al menos 72 horas y alimentos no perecederos para que duren más. Pueden ser alimentos fáciles de abrir, como barritas de cereales, productos enlatados y frutos secos.

Monta una caja de almacenaje resistente y añade vendas, toallitas antisépticas, analgésicos, pinzas y los medicamentos recetados que sean necesarios. Este kit se incluirá en tu botiquín casero de emergencia.

Otras cosas que debes empacar son una linterna fiable con pilas de repuesto, mantas o sacos de dormir para mantenerte caliente, sobre todo durante los meses más fríos, una navaja suiza, billetes pequeños para cualquier necesidad inmediata y documentos importantes, como fotocopias del carné de identidad, del seguro y del historial médico, guardados en un recipiente impermeable.

No olvides incluir cepillos de dientes, pasta dentífrica, artículos sanitarios y productos de higiene personal para mantenerte sano y limpio. En condiciones desfavorables, la estancia prolongada puede resultar aburrida; por tanto, mete en la maleta algunos libros informativos, cartas o pequeños juegos para pasar el tiempo.

Plan de emergencia familiar

Incluye una copia impresa del plan de emergencia de tu familia en el que se detallen los puntos de reunión y la información de contacto. Debes anotar los nombres, números de teléfono y direcciones de los contactos de emergencia, incluidos familiares, amigos y vecinos. Si tienes alguna alergia, debes documentar los medicamentos que utilizas y cualquier afección médica relevante.

Kits de emergencia para exteriores

Empieza por añadir una botella de agua reutilizable para mantenerte hidratado. Para picar algo sobre la marcha, lleva barritas de cereales, mezcla de frutos secos o barritas energéticas. Al igual que preparaste el botiquín casero, sigue el mismo proceso e incluye suministros básicos como vendas adhesivas, analgésicos y toallitas antisépticas en el botiquín para exteriores.

Otros accesorios que debes incluir son una linterna pequeña y ligera para facilitar su transporte, un poncho compacto y fácil de llevar para los cambios inesperados de tiempo, y un silbato para pedir ayuda en caso necesario. Para cargar el teléfono o cualquier otro dispositivo de comunicación, añade un cargador portátil, preferiblemente solar.

Lleva una lista de contactos de emergencia con contactos clave e información importante. Como vas a viajar al aire libre, utiliza la tecnología a tu favor y mantente informado sobre las condiciones meteorológicas utilizando una aplicación meteorológica fiable que ofrezca la tienda de aplicaciones de tu teléfono.

Protocolos de seguridad contra incendios en casa

Rutas de escape

Conoce las vías de escape de cada habitación y practícalas con regularidad. Designa un punto de encuentro en el exterior.

Simulacros de incendio

Haz que los simulacros de incendio sean un reto: cronométrate para aumentar la urgencia. Aprende a utilizar los extintores con confianza. Pregunta al supervisor de tu escuela sobre los simulacros de incendio, ya que la mayoría de los cuerpos de bomberos suelen realizar simulacros de incendio en las escuelas, lo que te mantiene preparado para imprevistos relacionados con el fuego.

Detectores de humo

Domina la comprobación y sustitución de las pilas de los detectores de humo. Familiarízate con el sonido de la alarma.

Seguridad personal

Acostúmbrate a asegurar puertas y ventanas, sobre todo cuando estés solo en casa. Entiende cómo funciona el sistema de seguridad, y no dudes en informar a otros miembros de la familia si observas algo sospechoso.

Seguridad contra incendios en la escuela

Procedimientos de evacuación

Conoce las rutas de evacuación de la escuela y los puntos de encuentro. Trata los simulacros de incendio como una misión a cumplir.

Extintores

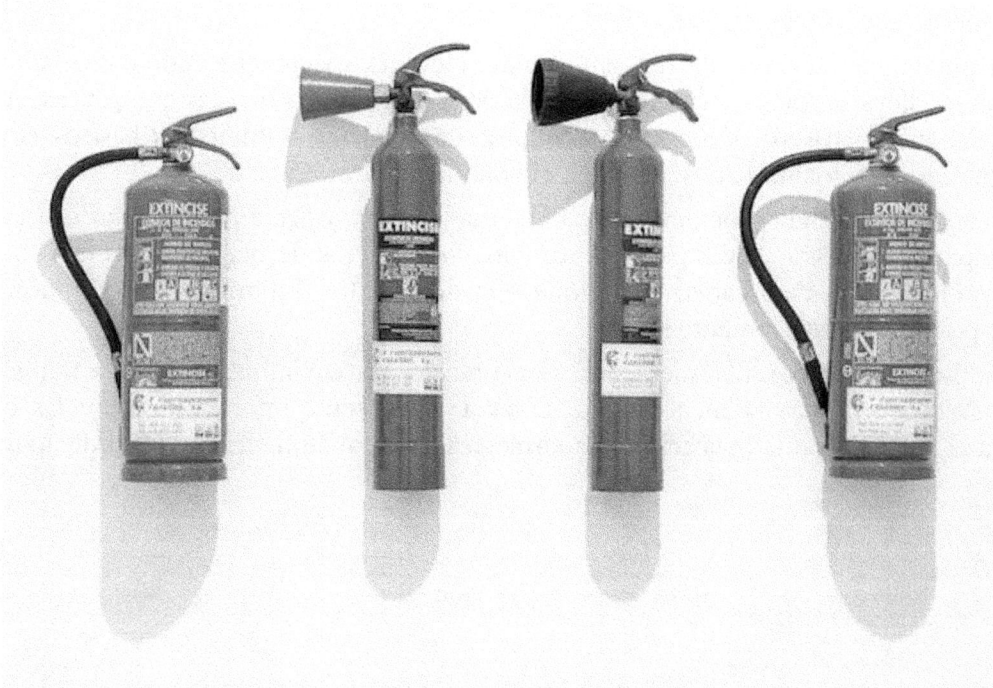

Averigua dónde se encuentran los extintores [15]

Averigua dónde se encuentran los extintores. Aprende lo básico para utilizar un extintor de forma segura.

Sistema de compañeros

Acompáñate durante las salidas escolares. Sin embargo, recuerda que el tipo de compañía que tengas afectará a tu proceso de pensamiento, te inculcará nuevas ideas y quizá cambie tu personalidad. Por tanto, elige amigos con buen rendimiento académico y adolescentes que no tengan fama de ser una amenaza. Informa de cualquier cosa extraña a los profesores.

Rutas seguras

Opta por caminos bien iluminados al ir y volver de la escuela. Evita atajos por zonas aisladas.

Seguridad contra incendios en espacios públicos

Fíjate siempre dónde están las salidas de emergencia en los espacios públicos. Ten en cuenta las señales de salida y los planes de emergencia. Además, mantente alerta e informa sobre bolsas desatendidas u objetos inusuales.

Conciencia del entorno

Mantente alerta en lugares concurridos. Mantén los objetos de valor bien asegurados y reduce al mínimo las distracciones.

Entrena tus instintos

Desarrolla un ojo agudo para los peligros potenciales. Reconoce peligros comunes como suelos mojados o cables expuestos.

Mantén la calma

Ante una situación inesperada, comprende cuándo evacuar y mantén la calma durante las emergencias. Conoce los pasos a seguir en diferentes situaciones.

Habla claro

Aprende a comunicarte eficazmente durante las emergencias. Practica la transmisión de detalles al reportar incidentes.

Haz que los ejercicios sean emocionantes

Convierte los ejercicios de seguridad en una competición amistosa. Practica regularmente para que los protocolos de seguridad se conviertan en algo natural.

Al hacer que los protocolos de seguridad sean atractivos y relevantes para los chicos adolescentes, se hace hincapié en desarrollar habilidades que no sólo les mantengan a salvo, sino que también les hagan sentirse capacitados en diversas situaciones. Desde tratar los simulacros de incendio como un reto hasta estar alerta en los espacios públicos, estas habilidades están diseñadas para equiparles para los escenarios del mundo real.

Aprender habilidades fundamentales para emergencias es tremendamente beneficioso por numerosas razones. En primer lugar, dominar los primeros auxilios, la reanimación cardiopulmonar y otras técnicas de emergencia te capacita para responder con rapidez en situaciones críticas, lo que puede salvar vidas. Además, adquirir estas habilidades mejora tu conciencia general de la seguridad, haciéndote más consciente de los peligros potenciales y fomentando una mentalidad proactiva.

El empoderamiento y la confianza que se adquieren con estos conocimientos son inestimables, ya que te permiten tomar el control de situaciones difíciles con lucidez. Estar formado en técnicas de emergencia no sólo te convierte en un valioso activo para tu comunidad, ofreciendo ayuda inmediata a quienes la necesitan, sino que también contribuye a la resiliencia general de la comunidad en tiempos de crisis. Además, conocer los protocolos de emergencia reduce el pánico y la ansiedad durante las situaciones estresantes, permitiéndote pensar con más claridad y guiar a los demás con eficacia.

Estos conocimientos dan prioridad a la seguridad personal y familiar, ya que puedes crear y aplicar planes de seguridad en casa, minimizando los riesgos. Además, tener estos conocimientos refleja un sentido de ciudadanía global, que te hace estar preparado para responder a emergencias en cualquier lugar. Es un compromiso con el aprendizaje permanente y con estar al día de los últimos protocolos y tecnologías. Además, estas habilidades pueden mejorar tu desarrollo profesional y personal, convirtiéndote en un activo valioso en diversos contextos.

A medida que el cambio climático aumenta la frecuencia de las catástrofes naturales, tener habilidades de emergencia es vital para navegar y responder eficazmente a situaciones como terremotos, inundaciones y tormentas. En última instancia, aprender habilidades fundamentales para emergencias es un viaje práctico y fortalecedor que representa una inversión en tu propia seguridad, la seguridad de los demás y el bienestar de la comunidad en su conjunto.

Sección 7: Reto aceptado: Herramientas para situaciones difíciles

Los retos pueden formar parte de la vida, pero pueden ser especialmente desalentadores para los adolescentes. Es entonces cuando tu crecimiento físico, mental y emocional se produce rápidamente. Estos aspectos evolutivos de tu vida dan lugar a nuevos retos que quizá nunca antes habías experimentado. La buena noticia es que la vida no siempre es injusta. Si te ha lanzado retos, también te ha proporcionado herramientas para superarlos. Este capítulo te ayudará a encontrar las herramientas adecuadas (mecanismos de afrontamiento y métodos eficaces) para manejar las situaciones más difíciles en las que se pueden meter los adolescentes.

Presión de grupo

Las amistades tienen el potencial de influir en tu vida tanto positiva como negativamente. La presión de grupo (o influencia de grupo) es un gran factor determinante. Es un fenómeno en el que las personas se ven impactadas por las actitudes, comportamientos o creencias de sus amigos o compañeros. Esta influencia puede ser directa o indirecta, y puede llevar a que una persona cambie su comportamiento, puntos de vista o actitudes para ajustarse a los del grupo influyente.

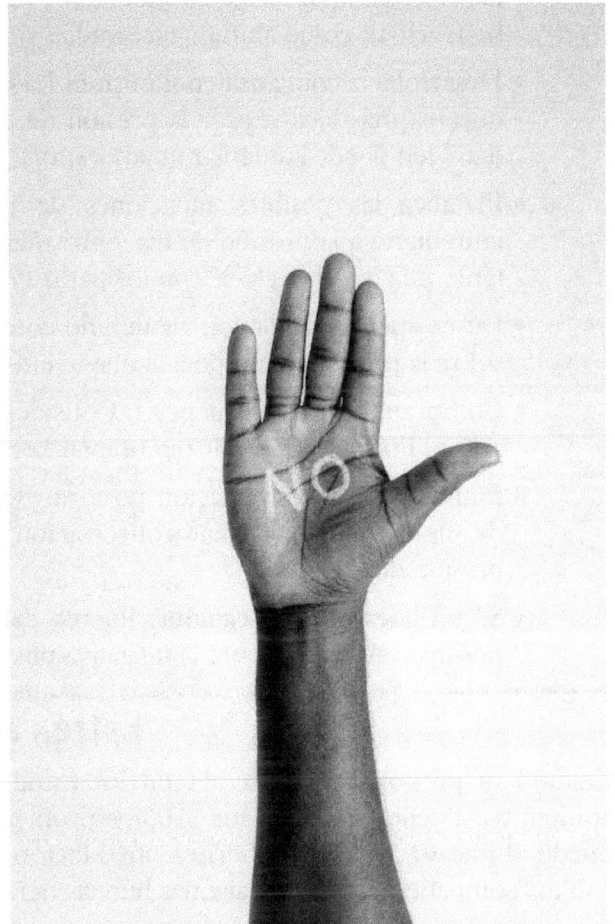

Practica decir "no" [16]

Imagina que estás de compras en unos grandes almacenes con tus amigos. Tienes suficiente dinero en el bolsillo para comprar lo que quieras. Sin embargo, tus amigos deciden robar algunas cosas. Uno de ellos vigila, el otro comprueba si hay cámaras de seguridad y el tercero distrae al encargado, mientras que tú acabas siendo el responsable del robo en sí.

Solo, nunca se te habría pasado por la cabeza la idea de robar. Sin embargo, en un grupo, empiezas a pensar que no quieres decepcionar a los demás. ¿Y si no te aceptan? ¿Y si no vuelven a hablarte? Así es como suele verse y sentirse la presión de grupo. Las soluciones son sencillas, pero pueden ser muy difíciles de poner en práctica.

- **Comprende tus valores y creencias:** Saber lo que defiendes puede ayudarte a tomar decisiones que se alineen con tus valores. Este autoconocimiento hace que sea más fácil mantenerte firme cuando te enfrentas a la presión de grupo.

- **Practica decir que no:** Puede que al principio te resulte incómodo, pero aprender a decir "no" de forma asertiva es crucial. No siempre tienes que dar una explicación detallada. Un simple "no, gracias" puede ser eficaz.

- **Elige bien a tus amigos:** Rodéate de amigos que respeten tus decisiones y no te presionen para hacer cosas que te incomoden. La presión positiva de los compañeros también puede ser beneficiosa, como animarte a estudiar o a participar en actividades saludables.

- **Desarrolla la confianza en ti mismo:** La confianza en ti mismo y en tus decisiones puede hacer que sea más fácil resistir la presión de grupo. Participar en actividades que te gustan y se te dan bien puede aumentar tu autoestima.

- **Planifica las posibles situaciones de presión:** Piensa en situaciones en las que podrías enfrentarte a la presión de tus compañeros y planifica cómo responderías. Esto puede incluir tener una "palabra clave" con los padres o amigos para una salida rápida.

- **Busca apoyo:** Habla con alguien de confianza, como tus padres, un profesor o un consejero, sobre la presión de grupo a la que te enfrentas. Pueden darte consejo y apoyo.

- **Comprende las consecuencias:** Considera las posibles consecuencias de ceder a la presión de grupo. Podrían ser desde quebrantar la confianza de tus padres hasta problemas legales.

- **Practica la autoconversación positiva:** Recuérdate a ti mismo tus puntos fuertes y las razones de tus elecciones. La autoconversación positiva puede reforzar tu capacidad para resistir la presión de grupo.

- **Sé un líder, no un seguidor:** Intenta dar un buen ejemplo a los demás tomando decisiones positivas. A veces, tomar la iniciativa puede cambiar la dinámica de un grupo de compañeros.

Estrés académico

Cuando tu presión por sobresalir en los estudios alcanza niveles insoportables, se produce estrés académico. Puede deberse a tus propios problemas, como la falta de las habilidades necesarias o el miedo al fracaso, o puede deberse a otros factores, como el deterioro de tu relación con el profesor o con tus compañeros. He aquí algunas buenas herramientas para manejar el estrés académico:

- **Gestión del tiempo:** Elabora un horario o una lista de tareas. Prioriza las tareas y establece objetivos realistas. Intenta dividir las tareas grandes en unidades más pequeñas y manejables.

- **Mantente organizado:** Mantén organizados tu espacio y tus materiales de estudio. Esto puede ayudar a reducir la ansiedad y facilitar la concentración en tus estudios.

- **Estilo de vida sano:** Mantén una dieta equilibrada, haz ejercicio regularmente y asegúrate de dormir lo suficiente. El bienestar físico influye mucho en la salud mental y la función cognitiva.

- **Haz pausas regulares:** Durante las sesiones de estudio, haz pequeñas pausas para descansar la mente. Esto puede aumentar la productividad y reducir la sensación de agobio.

- **Técnicas de atención plena y relajación:** Prácticas como la meditación, los ejercicios de respiración profunda o el yoga pueden ayudar a controlar el estrés y mejorar la concentración.

- **Busca apoyo:** No dudes en pedir ayuda. Puede ser de profesores, tutores, orientadores escolares o familiares. Hablar de los retos académicos con otras personas puede aportar nuevas perspectivas y soluciones.

- **Establece expectativas realistas:** Reconoce y acepta tus límites. Establecer expectativas elevadas poco realistas puede llevar a la decepción y a un aumento del estrés.

- **Céntrate en el aprendizaje, no sólo en las notas:** Intenta apreciar el proceso de aprendizaje y no centrarte sólo en el resultado (las notas). Esta perspectiva puede hacer que estudiar sea más agradable y menos estresante.

- **Evita la procrastinación:** Aborda las tareas lo antes posible. Retrasar tareas importantes puede aumentar el estrés a medida que se acercan los plazos.

- **Reflexiona y ajusta:** Evalúa periódicamente tus hábitos y estrategias de estudio. Muéstrate abierto a cambiar tu enfoque si algo no funciona.

Identidad y autodescubrimiento

Como ya sabrás, descubrirte a ti mismo es una parte crucial de la adolescencia, pero no siempre es fácil. Incluso muchos adultos no llegan a comprender quiénes son. La presión de establecer tu identidad no es diferente, pero puede hacerse con unas cuantas herramientas útiles.

- Explora diferentes pasiones e intereses. Muéstrate abierto a otras actividades académicas distintas de la especialidad elegida. Identifica qué aficiones puedes convertir en una carrera.

- Experimenta con diferentes estilos y aficiones. Haz nuevos amigos. Comprueba si puedes sentirte tan cómodo con ellos como con tus mejores amigos de la infancia.

- Las creencias forman parte integrante de tu identidad. Explora las distintas creencias e ideologías que te ofrece el mundo. Intenta crear tu propio conjunto de creencias, si puedes.

- Toma tus propias decisiones y asume responsabilidades adicionales, pero no rehúyas los buenos consejos.

- Tus relaciones y dinámicas sociales con otras personas son fundamentales en tu viaje de autodescubrimiento.

- Elige sabiamente tus modelos de conducta e intenta parecerte a ellos. Mantén tu identidad intacta, pero absorbe sus buenas cualidades en tu personalidad.

Los medios sociales en la salud mental

Las redes sociales te ayudan a conectar con tus amigos, incluso con los que están al otro lado del mundo. Te arma con el conocimiento de los acontecimientos actuales. Te pone al corriente de las tendencias o estafas en curso. Los medios sociales tienen muchas ventajas, y si se usan con moderación, puedes experimentar todos sus beneficios. Sin embargo, si las utilizas en exceso, puede que dejes que las redes sociales gobiernen tu vida.

Las redes sociales te ayudan a conectar con tus amigos [17]

- Reserva un momento específico del día para compartir actualizaciones o consultar otras publicaciones. No debería ser más de una hora. Y lo que es más importante, cíñete a ese tiempo concreto a pesar de tus impulsos.

- Desactiva las notificaciones de las redes sociales o pon tu teléfono en modo "no molestar" durante las horas de estudio. Esto reduce la tentación de mirar el teléfono constantemente.

- Explora aficiones y actividades que no impliquen pantallas. Busca un buen libro para leer (preferiblemente que no sea un libro electrónico). Pasa tiempo en un parque cercano o explora la naturaleza.

- Asegúrate de aprender algo nuevo siempre que utilices las redes sociales, como una nueva habilidad o afición. Diversas opciones te ayudarán a participar en más actividades que Internet.

Las redes sociales a veces pueden ser reales y crudas, pero a menudo son falsas y pretenciosas. No te compares con los estándares de normalidad de Internet.

Imagen corporal y autoestima

Experimentarás cambios significativos en tu cuerpo durante esta etapa. Puede que no te des cuenta de los cambios hasta que alguien los comente. Esto se debe a que la gente tiene una imagen corporal estándar. Si tu cuerpo se desvía de la *imagen que tienen en la cabeza*, notan inmediatamente el cambio. Esperan que tu cuerpo sea de una determinada manera. Pueden comentarlo tanto que puede afectar a tu autoestima. De hecho, estos dos retos están interconectados. Supera uno y superarás automáticamente el otro.

La cuestión es que tu imagen corporal no importa tanto como tu autoimagen. Deja de preguntarte cómo te ven los demás. ¿Cómo te ves a ti mismo? Imagina que tienes una experiencia extracorporal. En tu forma fantasma, ¿qué verías cuando miras tu cuerpo? Si es una imagen negativa, trabaja para hacerla positiva o cambia tu percepción.

O te contentas de verdad con lo que tienes o intentas marcar la diferencia. No importa si tienes éxito. Cada intento aumentará tu autoestima. La idea es mantenerte fiel a ti mismo, diga lo que diga el mundo. No necesitas cumplir las expectativas de la sociedad, sólo las tuyas.

Relaciones entre padres e hijos

El mundo cambia a cada instante. Cada año asistimos al desarrollo de nuevos inventos, a la modificación de viejas teorías, a la evolución de la tecnología existente y a transformaciones radicales en la mentalidad humana. El último punto es responsable de la compleja naturaleza de las relaciones entre padres e hijos adolescentes. Hay toda una brecha generacional (digamos, un par de décadas) entre tu mentalidad y la suya. Como te encuentras en una fase de transición de tu vida, seguro que tienes muchos desacuerdos con tus padres. He aquí algunas herramientas que te ayudarán a navegar por las turbulentas aguas de la relación padre-adolescente.

- Sé franco con tus padres. Hazles saber cómo te sientes respecto a cualquiera de sus decisiones sobre ti. La comunicación abierta es la clave.

- Escucha lo que tienen que decir. Intenta comprender por qué tomaron una decisión concreta en relación con tu vida.

- Hazles saber que puedes tomar ciertas decisiones por tu cuenta. Empieza por las cosas pequeñas, como elaborar un horario de estudio-juego.

- Ayúdales a comprender que deben respetar tu intimidad, empezando por algo tan sencillo como llamar a tu puerta antes de entrar.

- Pasa tiempo de calidad juntos. Encuentra algo que les guste a todos y dedica unas horas a la semana a disfrutar de esa actividad. También ayudará a que tus padres y tú se abran el uno al otro.

Comparación entre compañeros y el FOMO (del inglés fear of missing out, *temor a perderse algo*)

A esta edad, no puedes evitar compararte con tus compañeros. ¿Por qué ella es mejor que tú en una asignatura concreta? ¿Por qué él es más popular entre las chicas de la clase? El FOMO es una parte de la comparación entre iguales que te hace sentir que los demás disfrutan de la vida más que tú. Es una fuente importante de envidia entre los adolescentes. Ambos aspectos desafiantes pueden provocar ansiedad, depresión y baja autoestima.

- Encuentra tus puntos fuertes en lugar de centrarte en tus puntos débiles. Ella puede ser mejor que tú en ciencias, pero tú puedes destacar en los deportes. Puede que él sea popular entre las chicas, pero tú puedes ser mejor forjando amistades duraderas.

- Trabaja por las cosas que quieres, pero conténtate con lo que tienes.

- Las redes sociales son una fuente importante de FOMO. Comprende el hecho de que la gente sólo publica las cosas buenas de su vida. En realidad, su vida puede ser completamente diferente. No pases demasiado tiempo en las redes sociales.

- Muestra tu gratitud y aprecio en lugar de regodearte en los celos. Felicita a tus compañeros por sus victorias. Empatiza con ellos en sus penas. Cuanto más agradecido y apreciativo seas, menos envidioso serás.

- Lleva un diario de tus puntos fuertes y tus éxitos. Añade también tus debilidades y fracasos. Te motivará a centrarte en ti mismo en lugar de compararte con tus compañeros.

Acoso escolar y ciberacoso

El acoso en la vida real se ha ido desalentando acertadamente a lo largo de los años, pero puedes ser presa de él en la escuela o en la universidad. Puede ser físico o verbal, o puede formar parte de la dinámica de tu grupo. El ciberacoso, por otra parte, es muy común hoy en día. ¿Qué pasa si alguien comparte tu vídeo obsceno en una plataforma social? ¿Alguien te gasta bromas repetidamente por SMS?

Cualquier forma de acoso puede tener un impacto negativo en la salud física y mental del adolescente. También puede provocar retraimiento social y pensamientos suicidas. Equípate con las siguientes herramientas de prevención e intervención para combatir eficazmente el acoso escolar:

- Edúcate a ti mismo y a tus compañeros sobre los efectos del acoso y el ciberacoso y fomenta la empatía y el respeto hacia los demás.

- No dudes en comunicar cualquier forma de acoso a adultos en los que confíes.

- Comparte los casos de ciberacoso con tus padres.

- Consulta las normas y políticas de tu colegio o instituto contra el acoso, junto con las consecuencias: difunde la concienciación.

- No seas un mero espectador; apoya a tus compañeros acosados. Informa de cualquier incidente.

- El acoso es un delito en EE. UU., así que no dudes en acudir directamente a la policía si lo sufres.

- Desarrolla la resiliencia y la autoestima para que puedas afrontar mejor los retos y la presión de grupo.

Identidad de género y sexualidad

Éste es, con diferencia, el mayor reto al que puedes enfrentarte a esta edad. Supongamos que tienes una crisis de identidad de género. En ese caso, las personas que te rodean pueden acabar confundiéndote más, aunque intenten ayudarte de verdad. Es esencial que entiendas que tu identidad de género es diferente de tu sexo. Se trata más bien de lo que sientes. Que tengas partes de hombre no significa que debas sentirte como un hombre. Intrínsecamente, puedes relacionarte con los aspectos femeninos del género.

Normalmente, el sexo biológico puede ser masculino o femenino. Sin embargo, la identidad de género no se limita a estas dos facetas binarias. Hay todo un espectro de géneros a considerar, entre los que se incluyen:

- **No binario:** Cualquiera, ambos o ninguno (masculino y/o femenino).

- **Cuirgénero (*genderqueer*):** No identificarse con el sexo con el que se ha nacido.

- **Género fluido:** Puede que a veces te sientas como un hombre y otras como una mujer.

- **Género neutro:** No puedes identificarte con un solo género, o puedes sentirte como una mezcla de múltiples géneros.

- **Agénero:** No puedes identificarte con ningún tipo de género: sin género.

- **Pangénero:** Más o menos similar al género neutro: puedes tener ganas de asociarte con todos los géneros existentes.

La sexualidad, como la identidad de género, no se limita a heterosexual y homosexual. Puede ser una combinación de factores biológicos, psicológicos y sociales, dando lugar a muchas orientaciones sexuales diferentes.

- **Heterosexual:** Atraído romántica y sexualmente por miembros del sexo opuesto.

- **Homosexual:** Atraído romántica y sexualmente por miembros del mismo sexo.

- **Bisexual:** Atraído romántica y sexualmente por ambos sexos.

- **Asexual:** No interesado en el sexo; sólo en las conexiones emocionales.

- **Pansexual:** Atraído romántica y sexualmente por personas en general, independientemente de su identidad de género.

Aquí tienes algunas herramientas que te ayudarán a comprender tu identidad de género y tu sexualidad:

- Conoce todas las identidades y sexualidades diferentes.

- Pregúntate: "¿Te sientes como (identidad de género/sexualidad)?".

- Busca las respuestas en tu interior.

- Imagínate en la piel de personas con distintas identidades de género y sexualidades para explorar qué prefieres.

- Busca grupos LGBTQ (lesbianas, gais, bisexuales, transexuales, *queers*) para comprender mejor su estilo de vida.

- Apoya a tus compañeros en sus crisis de identidad de género y sexualidad.

Una vez que puedas relacionarte con una identidad concreta, acéptate como parte de ella. ¿Aún no has encontrado una? Ten paciencia. Este viaje de autoexploración lleva su tiempo (muchos adultos y ancianos aún no se han dado cuenta). Ponte en contacto con un especialista en género o un terapeuta sexual si tu confusión alcanza niveles incontrolables.

Sección 8: Trucos para el siguiente nivel de crecimiento

Ahora que ya has resuelto la gestión emocional, la amistad, las citas y la superación de situaciones difíciles, estás preparado para centrarte en el éxito. Para la mayoría de la gente, tener éxito no es fruto de la suerte o de un accidente. Se necesita un esfuerzo dedicado y planificado para llegar a la cima. Tendrás que saber fijar objetivos, gestionar tu tiempo, así como reflexionar sobre ti mismo y desarrollar buenos hábitos. Con disciplina, compromiso y autorreflexión, puedes empezar a labrarte un camino hacia un futuro próspero. Construir el éxito no sucede de la noche a la mañana. Tienes que construirlo con un ladrillo cada vez. Por lo tanto, las actividades y técnicas descritas en este capítulo no son una práctica puntual, sino algo con lo que debes comprometerte a diario. A través de esta lenta evolución, te encontrarás avanzando. Habrá obstáculos que superar, pero con la mentalidad y los enfoques de resolución de problemas adecuados, podrás romper cualquier barrera para avanzar con paso firme hacia la grandeza.

Construir el éxito no sucede de la noche a la mañana. Tienes que construirlo con un ladrillo cada vez [18]

Fijación de objetivos

Los objetivos son marcas que te propones alcanzar. Puedes tener objetivos a largo, medio y corto plazo. Todos estos objetivos son necesarios para el camino hacia el éxito. Los objetivos a corto plazo se centran en lo que quieres conseguir diaria o semanalmente. Los objetivos a medio plazo son aproximadamente de un mes a seis meses. Los objetivos a largo plazo suelen ser lo que pretendes conseguir en un plazo de un año a cinco años. Los objetivos son importantes porque te ayudan a canalizar tu atención hacia un punto central en lugar de vagar sin rumbo. Los objetivos son como un mapa que te traza un camino recto por el que caminar. Sin embargo, debes seguirlos y esforzarte por alcanzarlos. No sirve de nada tener un camino por el cual caminar, pero seguir optando por dar tumbos por el bosque, donde las bestias saltan para comerse tus sueños. Los objetivos son sólo señales de tráfico, pero tu mente y tu cuerpo son los vehículos que te llevan al destino.

Ejercicio 1: La atención plena para fijar objetivos

La atención plena es una práctica asombrosa que puede aplicarse en múltiples esferas de la vida. El arte de la atención plena consiste en utilizar tu cuerpo y tu mente para situarte plenamente en el momento presente, sin preocuparte del pasado ni del futuro. Los planes son para el futuro y los recuerdos viven en el pasado, pero la acción ocurre en el presente. Por tanto, es en el momento del ahora donde se realiza el verdadero trabajo.

Utiliza estos pasos para crear objetivos conscientes que te mantengan centrado en la magia del momento actual.

- Empieza con pequeños pasos que contribuyan a una visión mayor. Por ejemplo, si quieres empezar a hacer ejercicio, empieza con 20 flexiones al día.

- Presta atención a las actividades diarias que van en contra de tus objetivos. Si no has completado tus 20 flexiones del día, ¿por qué estás navegando por las redes sociales?

- No te juzgues cuando evalúes tus actividades. En lugar de decirte a ti mismo que eres una mala persona por desplazarte por las redes sociales cuando tienes que hacer flexiones, céntrate en las consecuencias y los resultados de tus acciones.

- No pongas demasiado énfasis en tu gran visión o sueño, sino más bien permanece presente en el proceso. En lugar de pensar en el pecho más grande que conseguirás haciendo flexiones, quédate en el momento de completar el ejercicio.

- Acepta que la vida es incierta. Puede que tengas una lesión que te impida hacer flexiones. Adáptate a la situación y haz 20 sentadillas en su lugar.

Ejercicio 2: El método SMART

El método SMART es una técnica probada para establecer objetivos. La **S** (*specific*) significa "específico", lo que significa que tus objetivos deben describirse con detalle en lugar de ser vagos. La **M** (*measurable*) significa "medible", porque debes poder hacer un seguimiento del objetivo que te has fijado. Por ejemplo, en lugar de decir que quieres ser mejor jugador de baloncesto, ponte como objetivo anotar diez puntos en cada partido, porque eso se puede medir. **A** (*achievable*) significa "alcanzable", por lo que tu objetivo debe ser realista. No puedes fijarte un objetivo imposible, como que quieres ser multimillonario en dos meses mientras no tienes dinero en tu cuenta. **R** (*relevant*) es por "relevante", lo que significa que tus objetivos deben estar en consonancia con tu estilo de vida y tus recursos. Por último, **T** (*time-bound*) significa "con límite de tiempo", es decir, que tus objetivos deben tener plazos.

Establece un objetivo a corto, medio y largo plazo utilizando el método SMART.

Gestión del tiempo y consejos de productividad

La productividad está directamente relacionada con lo bien que gestiones tu tiempo. Sólo tienes 24 horas al día, lo que significa que el tiempo que tienes para dedicar a conseguir tus objetivos es limitado. La gestión del tiempo se compone de dos partes principales: la programación y la priorización de tareas. Programando tu día con precisión y determinando qué es lo más importante, podrás crear un sistema sólido que maximice tu tiempo y te permita hacer más cosas durante el día. Dividir tu día correctamente y elegir lo que más te importa te permite hacer más cosas y dedicar tiempo a lo que importa. Es increíble cuánto tiempo se pierde en actividades sin sentido simplemente porque una persona está desorganizada. Sólo con poner un poco de orden en tu vida, te sorprenderá cuánto más consigues hacer y lo rápido que se acelera el camino hacia tu visión.

Ejercicio 3: Planificación

Las personas con más éxito del mundo comprenden el valor del tiempo. Muchos millonarios y multimillonarios dividen su día en horas. La planificación es un acto de equilibrio entre dos factores. En primer lugar, debes saber lo que debes hacer en cada minuto del día y, en segundo lugar, debes ser lo bastante flexible para responder a cualquier cambio que surja. Una gran técnica de planificación es dividir tu día en horas. Hay 24 horas en un día, de 12:00 a. m. a 12:00 a. m. Elabora un horario diario de lunes a viernes, escribiendo lo que harás en cada hora.

Por ejemplo,

> De 10:00 a 05:00 - Dormir.
>
> 05:00 a 06:00 - Ejercicio.
>
> 06:00 a 07:00 - Prepararse para la escuela.

Al planificar tu día, sabrás cuánto tiempo tienes que dedicar a cada actividad que tengas que hacer. Recuerda incluir tiempo para relajarte, así como tiempo para hacer los deberes, las tareas domésticas y estudiar.

Ejercicio 4: Priorización de tareas

Todos los días hay tareas que tienes que hacer y actividades que quieres completar. Puede que tengas tareas que terminar, quehaceres que hacer, así como un poco de tiempo para jugar a algún videojuego o ver algún vídeo de YouTube. La priorización de tareas es el proceso de determinar qué tareas son más importantes que otras, de modo que puedas dedicar tu tiempo y esfuerzos en consecuencia.

1. Escribe una lista de 15 cosas que hagas cada día.

_____

_____

_____

_____

_____

_____

_____

_____

_____

_____

_____

_____

_____

_____

2. Ordena esta lista de 15 actividades de la más importante a la menos importante según tus valores y objetivos.

Cuando crees un horario, consulta esta lista para poder realizar primero las tareas más importantes. Priorizar tus tareas de este modo te permite responder mejor a los cambios, porque las actividades menos valiosas pueden eliminarse cuando surgen obstáculos inesperados.

Técnicas de estudio y aprendizaje

Cuando piensas en estudiar o aprender, es fácil caer en la trampa de relacionarlo con la escuela. Sin embargo, estás aprendiendo constantemente miles de cosas al día. Para ver cuánto aprendes, desafíate a pasar un día sin aprender nada. Descubrirás rápidamente que es imposible no aprender nada en un día. Por lo tanto, los seres humanos estamos creados para estar aprendiendo constantemente. El aprendizaje autodirigido es cuando canalizas la energía natural que te impulsa a aprender hacia algo que te apasiona. En la escuela, aprendes lo que exige el plan de estudios, pero puedes tomar las riendas de tu aprendizaje y empezar a adquirir las habilidades que deseas en lugar de las que te imponen. La escuela es importante, pero tu educación va mucho más allá de estas instituciones formales. Toma las riendas de tu aprendizaje y empieza a educarte con todas las herramientas que tienes a tu disposición, como Internet.

Ejercicio 5: Aprendizaje autodirigido

Piensa en una habilidad que te gustaría aprender y que podría beneficiarte ahora y en el futuro. Puede ser arte, programación, *marketing*, escritura o cualquier otra habilidad que te atraiga o apasione.

- Busca en YouTube vídeos que enseñen esta habilidad
- Crea una lista de reproducción con estos vídeos
- Dedica 30 minutos al día a aprender esta habilidad

Una buena técnica de búsqueda en YouTube es empezar tu búsqueda por "principiante". Por ejemplo, escribe "técnicas de dibujo para artistas principiantes" en la barra de búsqueda, y encontrarás múltiples canales dedicados a ello. Esto funciona con cualquier tema que te interese. Lo bueno de Internet es que te ha proporcionado una forma de aprender gratis habilidades por las que antes habrías pagado. Hay cursos gratuitos disponibles en múltiples plataformas, como Google, así como cursos cortos de pago en sitios como Udemy.

Trucos para resolver problemas

En la mayoría de los aspectos de tu vida, incluidos el laboral, el escolar, el social e incluso el sentimental, surgirán problemas. Por lo tanto, para tener éxito en estos múltiples ámbitos, necesitarás habilidades eficaces para resolver problemas. No puedes descarrilar tu viaje hacia la cima porque hayas encontrado un obstáculo, por difícil que parezca. Debes encontrar formas creativas de superar y sortear los obstáculos y las limitaciones, o de lo contrario no progresarás. Estresarte ansiosamente y perder la cabeza por el problema no te servirá de nada. Las emociones negativas que sientes son válidas, pero aun así debes encontrar una forma de avanzar. Si tienes una forma sistemática de resolver los problemas, el proceso de afrontarlos te resultará mucho más fácil.

Ejercicio 6: Resolución eficaz de problemas

Aplica este método para resolver un problema.

Paso 1: Identificar y definir el problema. Para este paso, tienes que ser lo más claro posible y entrar en detalles. No puedes abordar un problema que no entiendes, así que la definición del problema te ayuda a eliminar parte del misterio.

Paso 2: Lluvia de ideas de soluciones. Escribe todas las soluciones que puedas sin juzgar la idea. En esta fase, aún no has elegido la mejor solución, y el objetivo del ejercicio es ser creativo. Escribe lo que se te ocurra, aunque parezca una tontería.

Paso 3: Evalúa tus soluciones. Aquí es donde empiezas a eliminar algunas de las opciones que escribiste en el paso anterior. Empieza por tachar las soluciones más irracionales. A continuación, evalúa qué soluciones son posibles teniendo en cuenta tus recursos y capacidades. Para las pocas mejores soluciones que te queden, escribe los pros y los contras de cada idea.

Paso 4: Decide una solución. Una vez que hayas sopesado los pros y los contras y examinado tus capacidades, es hora de decidir una solución. Detalla cómo pondrás en práctica tu solución y el tiempo que te llevará.

Paso 5: Puesta en práctica. Lleva a cabo las acciones que has planificado en el paso anterior.

Paso 6: Evaluación. Analiza si tu solución ha funcionado y lo bien que ha resuelto el problema. Evalúa si necesitas idear un nuevo plan o si tu solución actual funciona. Determina si hay formas de mejorar tu plan o simplemente de mantener el formato actual.

Autorreflexión y autoevaluación

La autoconciencia, la introspección, la reflexión y la autoevaluación son fundamentos importantes para llevarte al siguiente nivel. Cuando eres consciente de ti mismo y de tus motivaciones, así como de por qué actúas como lo haces, puedes tomar decisiones más informadas. Gran parte de lo que hace la gente son reacciones y respuestas automáticas. La mayoría de la gente nunca profundiza en sí misma para hacerse una idea más clara de por qué algunas cosas salen bien y otras salen mal. Reflexionando sobre tus pensamientos y acciones, puedes adquirir mejores habilidades de comunicación y fomentar un mayor autocontrol.

Además, puedes elaborar valores más sólidos y conocer el origen de tus sistemas de creencias y percepciones. Desde el punto de vista de la reflexión, tienes una visión de 360º de tu funcionamiento interno y de cómo te relacionas con el mundo exterior. Esta visión clara te ayudará a tomar decisiones que sean mejores para ti y para las personas que te rodean.

Ejercicio 7: Análisis FODA

Las siglas FODA significan fortalezas, oportunidades, debilidades y amenazas. Esta forma de análisis se suele utilizar en el mundo empresarial para evaluar la viabilidad de una empresa en el mercado. Sin embargo, también es una herramienta que puede funcionar bien para la autoevaluación. Las fortalezas son las habilidades, talentos, valores y factores de personalidad que expresas y que te aportan beneficios en la vida. Tus debilidades son los defectos que provocan resultados negativos. Las oportunidades son los recursos internos y externos que puedes explotar para beneficiarte, y las amenazas son los obstáculos del mundo exterior que se interponen en el camino para que alcances tus sueños.

Escribe tus fortalezas.

Escribe una situación en la que cada una de estas fortalezas te haya beneficiado.

_____

_____

_____

_____

_____

¿Cómo podrías haber aumentado esos beneficios en estas situaciones?

_____

_____

_____

_____

_____

Escribe tus puntos débiles.

_____

_____

_____

_____

_____

Escribe una situación en la que tus debilidades te hayan frenado.

_____

_____

_____

_____

_____

¿Cómo podría haber sido aún peor esa situación?

_____

_____

_____

_____

_____

¿Cómo podrías haber minimizado el impacto de tus debilidades en esa situación?

_____

_____

_____

_____

Anota las oportunidades de tu vida.

_____

_____

_____

_____

_____

¿Cómo puedes aprovechar estas oportunidades para acercarte a tus objetivos y sueños?

_____

_____

_____

_____

_____

Anota las amenazas externas que se interponen en tu camino para hacer realidad tu visión.

_____

_____

_____

_____

_____

¿Cómo puedes superar estas amenazas?

_____

_____

_____

_____

_____

Ejercicio 8: Tablero de visión

Un tablero de visión te ayuda a establecer dónde quieres estar en la vida.

Coge una cartulina A3 o más grande. Recorta fotos de revistas o periódicos viejos de cómo sería tu vida ideal. También puedes imprimir algunas fotos. Puedes incluir coches, una familia, una casa, una carrera y cualquier otro detalle con el que sueñes. Pega las fotos en tu cartulina y decórala de forma bonita. Coloca tu tablero de visión en un lugar donde puedas mirarlo a menudo. Esto te recordará en qué estás trabajando.

Ejercicio 9: Escribir en el diario

Escribir un diario es una forma estupenda de entrar en contacto con tus pensamientos y sentimientos, llevándolos directamente a tu conciencia. Escribir es una forma de pensar más lenta y profunda. Por lo tanto, escribir un diario puede revelarte mucho sobre ti mismo.

Consigue un cuaderno o un diario y mantenlo junto a tu cama.

Escribe en tu diario al principio y al final de cada día. Incluye detalles sobre tu día, pensamientos aleatorios que tengas y cómo te sientes.

Cultivar hábitos saludables

Los hábitos son acciones que realizas o rutinas en las que participas con tanta regularidad que se convierten en automáticas. Por ejemplo, puedes tener el hábito de levantarte, cepillarte los dientes y luego prepararte una taza de café. Algunas personas tienen hábitos como morderse las uñas o revolverse el pelo cuando están estresadas. La actividad forma tanto parte de ellas que ya ni siquiera piensan en ello. Los hábitos saludables se crean mediante la disciplina y la constancia. Estos hábitos son acciones regulares beneficiosas para tu salud física, emocional y mental.

Ejercicio 10: Enfoque en la salud y la aptitud física

Las tres cosas que constituyen una gran salud física son un patrón de sueño regular, comer sano y hacer ejercicio con regularidad.

Investiga qué alimentos son saludables para tu tipo de cuerpo y tu edad.

Elabora un plan sobre cómo puedes incorporar más de estos alimentos saludables a tu dieta y qué alimentos poco saludables puedes eliminar.

La persona media necesita entre siete y ocho horas de sueño para estar sana y funcional. Fija una alarma para cuando debas acostarte y cuando debas despertarte. Apaga los dispositivos de luz azul, como teléfonos inteligentes y ordenadores portátiles, al menos 30 minutos antes de acostarte. Asegúrate de programar un mínimo de siete horas de sueño.

Reserva 30 minutos diarios para hacer ejercicio. No tiene por qué ser complicado. Haz algunos trotes, sentadillas, flexiones y abdominales todos los días, y aumentará significativamente tu salud.

Si las realizas con regularidad, estarán tan arraigadas en tu vida que se producirán casi automáticamente como un hábito diario. Sin embargo, para llegar a ese punto, necesitas disciplina y constancia, así que no aflojes.

Mensaje de agradecimiento

¡Lo has conseguido! Gracias por dedicar tiempo y esfuerzo a esta guía de supervivencia. Ahora te has separado de quienes no han dedicado el mismo esfuerzo a sí mismos, y puedes utilizarlo como trampolín hacia el liderazgo y el éxito. Al haber leído los consejos, técnicas y ejercicios de esta guía de supervivencia, has crecido más de lo que crees. El trabajo aún no ha terminado. No basta con leer y escribir algunas palabras. Debes aplicar en la práctica todo lo que has aprendido para que se manifiesten plenamente los infinitos beneficios en tu realidad cotidiana.

Disponer de estas herramientas y habilidades recién adquiridas no significa que tu vida vaya a transcurrir sin sobresaltos. Sin embargo, serás mucho más capaz de responder a las adversidades y complicaciones del mundo de la adolescencia. Ahora tienes formas de afrontar el estrés, gestionar las amistades, navegar por las relaciones románticas, controlar tus emociones y asegurarte de que tienes éxito en todas las empresas que elijas. Tu destino está ahora firmemente en tus manos, y tienes el poder y la responsabilidad de moldearlo según tus deseos.

Gracias por la oportunidad de impartirte estos conocimientos. Sin ti leyendo este libro, sus palabras carecen de sentido. La orientación que ofrece esta guía de supervivencia cobra vida a través de ti. Tus esfuerzos transforman las palabras de las páginas en una manifestación viva de grandeza. Cuanto más ganas y perseveras, más se justifica este libro. Para que lo sepas, las personas que han elaborado este libro están de tu lado, ¡y te apoyan!

A medida que evoluciones y crezcas, revisa algunos de estos ejercicios, consejos, técnicas e ideas. Revisar el trabajo te revelará nuevas percepciones que se harán más relevantes con la experiencia. La belleza de esta guía de supervivencia es que muchas de las técnicas prácticas que se esbozan en su interior pueden aplicarse a lo largo de la vida, incluso al salir de la adolescencia. Con nuevos ojos, se puede percibir más, así que el texto se amplía a medida que creces hacia una versión actualizada de ti mismo.

Mira otro libro de la serie

HABILIDADES VITALES

PARA CHICOS ADOLESCENTES

Claves Esenciales para Desarrollar la Confianza en uno Mismo, Superar los Retos y Desbloquear un Mundo de Posibilidades

Joss Reed

Referencias

10 Things Every Teen Should Know About Auto Care. (2016, August 9). InMOTION Auto Care. https://www.inmotionautocare.com/blog/10-things-every-teen-should-know-about-auto-care

Abrams, A. (2023, January 23). How to Successfully Crack the Code of Love. Verywell Mind. https://www.verywellmind.com/the-four-stages-of-relationships-4163472

April 22, K. G. on, & 2020. (2020, April 22). 15 Life Skills Every Teen Should Learn. We Are Teachers. https://www.weareteachers.com/life-skills-for-teens/

B, M. (2023, January 17). Why Communicating Your Needs Is Important in *All* Your Relationships, Even Platonic Ones. Well+Good. https://www.wellandgood.com/communicating-needs-in-friendship/

Degges-White, S. (2017, November 1). Confronting Conflict with Friends | Psychology Today. Www.psychologytoday.com. https://www.psychologytoday.com/intl/blog/lifetime-connections/201711/confronting-conflict-friends

Emerson, M. S. (2021, August 30). 8 Ways You Can Improve Your Communication Skills. Professional Development | Harvard DCE. https://professional.dce.harvard.edu/blog/8-ways-you-can-improve-your-communication-skills/

Fabian, S. (2020, May 26). Helping Teens' Mental Wellness in a Digital World | CHKD Blog. Www.chkd.org. https://www.chkd.org/blog/helping-teens--mental-wellness-in-a-digital-world/

Ferguson, S. (2019, December 13). Healthy Relationships: 32 Signs, Tips, Red Flags, and More. Healthline. https://www.healthline.com/health/healthy-relationship#takeaway

Fire Safety. (n.d.). Safe Kids Worldwide. https://www.safekids.org/safetytips/field_age/teens-15%E2%80%9319-years/field_risks/fire

Gupta, S. (2023, July 27). 50 First Date Questions for Engaging Conversations. Verywell Mind. https://www.verywellmind.com/first-date-questions-for-engaging-conversations-7563587

Gupta, S. (2023, May 26). How Self-Reflection Can Improve Your Mental Health. Verywell Mind. https://www.verywellmind.com/self-reflection-importance-benefits-and-strategies-7500858

Hanson, M. (2021, January 16). 6 Ways to Set More Mindful Goals. Outside Online. https://www.outsideonline.com/running/training/running-101/6-ways-to-set-more-mindful-goals/

Health Direct Australia. (2021, February 2). Goal Setting. Www.healthdirect.gov.au. https://www.healthdirect.gov.au/goal-setting

HealthyWA. (n.d.). Problem Solving. Www.healthywa.wa.gov.au. https://www.healthywa.wa.gov.au/Articles/N_R/Problem-solving

How to Overcome Social Anxiety: 8 Tips and Strategies. (2023, July 18). Calm Blog. https://www.calm.com/blog/how-to-overcome-social-anxiety

Hygiene: Pre-Teens and Teenagers. (2019, January 7). Raising Children Network. https://raisingchildren.net.au/pre-teens/healthy-lifestyle/hygiene-dental-care/hygiene-pre-teens-teens

John Hopkins Medicine. (2019). The Growing Child: Adolescent 13 to 18 Years. John Hopkins Medicine. https://www.hopkinsmedicine.org/health/wellness-and-prevention/the-growing-child-adolescent-13-to-18-years

Kelly, A. (2019, January 16). Take Charge of Your Health: A Guide for Teenagers. National Institute of Diabetes and Digestive and Kidney Diseases. https://www.niddk.nih.gov/health-information/weight-management/take-charge-health-guide-teenagers

Mayo Clinic. (2021, June 19). Social Anxiety Disorder (Social Phobia) - Symptoms and Causes. Mayo Clinic; Mayo Clinic. https://www.mayoclinic.org/diseases-conditions/social-anxiety-disorder/symptoms-causes/syc-20353561

Merinuk, M. (2022, February 18). Are You in a Toxic Friendship? How to Spot the Signs. TODAY.com. https://www.today.com/health/behavior/toxic-friendship-warning-signs-rcna16665

Mind Tools Content Team. (2023). SMART goals. Mind Tools. https://www.mindtools.com/a4wo118/smart-goals

Nash, J. (2018, January 5). How to Set Healthy Boundaries & Build Positive Relationships. Positive Psychology. https://positivepsychology.com/great-self-care-setting-healthy-boundaries/

Newport Academy Staff. (2022, June 13). The Importance of Teen Friendships. Newport Academy. https://www.newportacademy.com/resources/empowering-teens/teen-friendships/

Perry, E. (2019, December 19). How to Deal With Rejection: 7 Tips. Www.betterup.com. https://www.betterup.com/blog/how-to-deal-with-rejection

Raypole, C. (2021, May 26). How to Get Over Social Anxiety: 9 Expert-Backed Tips. Healthline. https://www.healthline.com/health/anxiety/how-to-get-over-social-anxiety

Sandler, D. (2023, February 14). Dating Etiquette, 11 Dating Rules You Should Follow. WVNS. https://www.wvnstv.com/news/entertainment-news/dating-etiquette-11-dating-rules-you-should-follow/

Scott, E. (2023, October 25). Anger and Stress: Why It Is Important to Manage Them Both. Verywell Mind. https://www.verywellmind.com/the-effects-of-anger-and-stress-3145076

Shannon. (2022, May 16). Life Skills for Teen Boys - What They Really Need to Know. Shannons Thoughts. https://shannonsthoughts.com/life-skills-for-teen-boys/

Staff, N. A. (2022, September 18). 5 Evidence-Based Anger Management Techniques for Teens. Newport Academy. https://www.newportacademy.com/resources/empowering-teens/anger-management-techniques/

Stress Management and Teens. (2019, January). American Academy of Child and Adolescent Psychiatry. https://www.aacap.org/aacap/families_and_youth/facts_for_families/fff-guide/helping-teenagers-with-stress-066.aspx

The Importance of Teen Friendships. (2022, November 1). Personal Excellence Foundation. https://personalexcellence.org/raising-worldchangers-blog/the-importance-of-teen-friendships

Trek, S. (2017, September 8). Emergency Preparedness for Kids + Teens. Skill Trek. https://skilltrekker.com/emergency-preparedness/

Vallejo, M. (2023, October 11). Stress Management for Teens: Causes, Signs, and Stress Management Tips. Mental Health Center Kids. https://mentalhealthcenterkids.com/blogs/articles/stress-management-for-teens

Fuentes de imágenes

1 https://www.pexels.com/photo/man-standing-in-the-middle-of-road-1553783/

2 https://unsplash.com/photos/man-running-on-road-near-grass-field-mQVWb7kUoOE?utm_content=creditShareLink&utm_medium=referral&utm_source=unsplash

3 https://unsplash.com/photos/brown-egg-_VkwiVNCNfo?utm_content=creditShareLink&utm_medium=referral&utm_source=unsplash

4 https://unsplash.com/photos/row-of-four-men-sitting-on-mountain-trail-TkrRvwxjb_8?utm_content=creditShareLink&utm_medium=referral&utm_source=unsplash

5 https://www.pexels.com/photo/a-couple-sitting-on-wooden-bench-beside-the-carousel-9653185/

6 https://www.pexels.com/photo/teen-boy-doing-yoga-in-lotus-position-7241488/

7 https://unsplash.com/photos/man-in-black-crew-neck-t-shirt-smiling-BxHnbYyNfTg?utm_content=creditShareLink&utm_medium=referral&utm_source=unsplash

8 https://unsplash.com/photos/eyeglasses-on-book-beside-laptop-sNwnjxm8eTY?utm_content=creditShareLink&utm_medium=referral&utm_source=unsplash

9 https://www.pexels.com/photo/man-looking-at-his-smart-phone-and-laptop-4925950/

10 https://www.pexels.com/photo/close-up-photo-of-water-drop-2583028/

11 https://www.pexels.com/photo/tool-set-on-plank-175039/

12 https://www.pexels.com/photo/man-in-white-crew-neck-t-shirt-standing-beside-window-7641008/

13 Foto de Вениамин Курочкин: https://www.pexels.com/photo/a-man-fixing-a-flat-tire-12478166/

14 https://www.pexels.com/photo/person-holding-blue-ballpoint-pen-writing-in-notebook-210661/

15 https://www.pexels.com/photo/assorted-fire-extinguishers-on-white-surface-12072478/

16 https://www.pexels.com/photo/close-up-photo-of-person-s-palm-4631077/

17 Foto de Tracy Le Blanc: https://www.pexels.com/photo/person-holding-iphone-showing-social-networks-folder-607812/

18 https://www.pexels.com/photo/black-twin-bell-alarm-desk-clock-on-table-714701/